LA VOIX DE L'INDE

Collection dirigée
par
François Gautier

DEVDAS

DANS LA MÊME COLLECTION

François Gautier
La Caravane intérieure

Parvati ou l'Amour extrême
Adaptation du sanskrit, introduction
et notes par Christine Devin

Hanuman ou le chemin du vent
D'après le Ramayana

Tiego Bindra
Le Kalaripayat.
L'ancêtre de tous les arts martiaux d'Asie

Maggi Lidchi-Grassi
La Grande Guerre du Kurukshétra

Michel Danino
L'Inde et l'invasion de nulle part.
Le dernier repaire du mythe aryen

Koenraad Elst
«Pourquoi j'ai tué Gandhi».
Examen et critique de la défense de Nathuram Godse

Kalidasa
Le Nuage messager (Meghaduta)
suivi de *Les Saisons (Ritusamhara)*

Les Inscriptions d'Asoka

Georges Van Vrekhem
La Mère, une biographie

Sarat Chandra CHATTERJEE

DEVDAS

Traduit du bengali
par Amarnath Dutta

2ᵉ tirage

PARIS
LES BELLES LETTRES
2007

Pour consulter notre catalogue
et découvrir nos nouveautés
www.lesbelleslettres.com

© *2007, pour la traduction française*
par Société d'édition Les Belles Lettres,
95, boulevard Raspail, 75006 Paris.

1ᵉʳ tirage 2006

ISBN : 978-2-251-72007-4

1

C'était un jour du mois de *Bôïchakh*. À midi, le soleil était implacable et la chaleur infinie. À cette heure-là, Devdas *Mukhujjyé* était assis sur une vieille natte déchirée dans un coin d'une salle d'école primaire, une ardoise à la main. L'ennui se lisait sur son visage. Les jambes allongées, il ouvrait les yeux, puis les fermait ou encore bâillait. Brusquement il devint très pensif. En un clin d'œil, il décida que, par ce temps magnifique, il était inutile de rester enfermé dans une salle d'école alors qu'il pourrait passer son temps à faire voler des cerfs-volants dans les champs. Une idée germa dans son esprit fertile. Il se leva, son ardoise à la main.

À l'école, c'était l'heure du déjeuner. Une bande d'écoliers gesticulaient et criaient en jouant au *dangue-goulie* à l'ombre d'un *banian* qui se trouvait à proximité. Devdas les regarda. Il n'avait pas le droit de s'amuser pendant la pause de midi car le *pandit*

Gôvindo avait souvent remarqué que Devdas n'aimait pas du tout rentrer à l'école une fois qu'il en était sorti. Même son père lui avait interdit d'aller jouer dehors pendant le repas. Pour diverses raisons, il avait été décidé qu'il resterait alors sous la surveillance de Bhoulo, le chef de classe.

Dans cette salle de classe, il ne se trouvait donc que *pandit-mochaï*, qui faisait la sieste couché sur une natte et Bhoulo, le chef de classe, assis sur un petit banc branlant dans un coin. Ce dernier, se prenant pour un jeune *pandit*, observait parfois avec mépris les écoliers jouer, parfois jetait un regard en coin dans la direction de Devdas et Parvoti. Celle-ci était sous la responsabilité de *pandit-mochaï* depuis un mois à peine. En un espace de temps si court, il avait dû produire sur la jeune fille une bonne impression. C'est pourquoi, avec patience et concentration, elle dessinait à l'encre le portrait du *pandit* endormi, sur la dernière page de son manuel de lecture, le *Bôdhôdaya*. Puis, tel un artiste accompli, elle observait de différents angles combien son dessin, exécuté avec tant de soin, s'accordait à la réalité. Bien que peu ressemblant, le résultat lui apportait pourtant joie et satisfaction.

À ce moment-là, Devdas se leva, son ardoise à la main et, s'adressant à Bhoulo, lui dit :

– Je n'arrive pas à faire ce problème.

– Qu'est-ce que tu calcules ? demanda Bhoulo d'un air calme et réservé.

– *Mônecocha*.

– Donne-moi ton ardoise, ordonna-t-il impatiemment.

La manière de Bhoulo était celle d'un instituteur érudit qui n'attendait rien d'autre que l'ardoise de Devdas pour résoudre lui-même le problème d'arithmétique.

Devdas lui tendit l'ardoise et resta debout près de lui.

Bhoulo se mit à écrire en articulant chaque mot : Si un *mône* d'huile coûte quatorze roupies neuf annas quatre gondas, combien coûterait...

Un incident se produisit alors. Depuis les trois dernières années, Bhoulo, le chef de classe, avait pris l'habitude de s'asseoir sur le banc branlant car il le jugeait convenable à sa position de chef. Derrière ce banc se trouvait un tas de chaux. Il y avait probablement bien longtemps que *pandit-mochaï* l'avait achetée à bon marché. Celui-ci nourrissait le vif désir de faire un jour construire une petite maison en briques qu'il blanchirait à la chaux. Je ne sais quand arriverait ce jour propice mais son attention inquiète à l'égard de ce tas de chaux blanche était extrême. Il avait confié à *Bhôlanath*, le plus âgé de la classe et son élève favori, la responsabilité de veiller sur cette chaux si soigneusement préservée, afin que même un grain n'en fût pas ruiné par quelque garçon irréfléchi, imprudent et malveillant. C'est pourquoi Bhoulo, assis sur le banc, la surveillait de près.

Bhôlanath écrivait : Si un *mône* d'huile coûte quatorze roupies neuf annas quatre gondas, alors com-

bien coûterait... Oh! mon Dieu! Alors se produisit
un tapage infernal. Parvoti poussait des cris perçants,
puis se roulait par terre en battant des mains. Le *pandit* Gôvindo qui venait de plonger dans un profond
sommeil se réveilla en sursaut. Il se leva, les yeux
rouges de colère. Il vit la bande d'écoliers qui jouaient
sous l'arbre se sauver en courant en file dans un
vacarme d'enfer. Puis il remarqua une paire de
jambes qui pendaient derrière le banc branlant et une
éruption qui jaillissait du tas de chaux comme d'un
volcan. Il s'écria :

– Holà! mais que se passe-t-il?

Seule Parvoti aurait pu lui répondre. Mais elle
n'était pas en état de le faire puisque, vautrée par
terre, elle battait des mains. Le *pandit* répéta sur un
ton massacrant sa question restée sans réponse :

– Mais que se passe-t-il?

Quelques moments plus tard, *Bhôlanath*, tout
blanc, se redressa en s'extirpant de la chaux. De nouveau, le *pandit* hurla :

– C'est toi, petit voyou, tu étais dedans!

– *Oin... oin... oin...*

– Mais arrête de pleurer!

– *Deva*, cet idiot-là, m'a poussé dedans... *Oin...
oin... oin... Mônecocha...*

– Mais arrête de pleurnicher, imbécile!

Comprenant aussitôt ce qui s'était passé, il s'assit
sur la natte en lançant cette question :

– *Deva* t'a poussé et s'est sauvé, n'est-ce pas?

Bhoulo se remit à sangloter en hoquetant :

– *Oin... oin... oin...*

On essaya alors de le débarrasser de la chaux ; mais avec le blanc sur sa peau foncée, le chef ressemblait un peu à un fantôme, ce qui ne l'empêchait pas de continuer à larmoyer.

Le *pandit* demanda de nouveau :

– *Deva* t'a poussé et s'est sauvé, n'est-ce pas ?

– *Oin... oin... oin...* fit Bhoulo en sanglotant.

– Je me vengerai ! tonna le *pandit.*

– *Oin... oin... oin...*

– Où est-il, ce garnement ? demanda le *pandit.*

Peu après, la bande de garçons revint en trombe, essoufflés et morts de fatigue.

– On n'a pas pu attraper *Deva.* Oh ! il sait lancer des pierres, lui ! annoncèrent-ils.

– Ah, c'est comme ça, vous n'avez pas pu l'attraper ! reprit le *pandit.*

– Oh ! il sait lancer...

– Tais-toi, coquin !

Ravalant ses mots, le garçon s'écarta. *Panditmochaï,* écumant de rage, se mit d'abord à réprimander Parvoti sévèrement et puis, prenant *Bhôlanath* par la main, il lui dit :

– Viens, il faut que j'aille au bureau du *zamindar* l'informer de cet incident.

Cette démarche signifiait qu'il porterait plainte auprès du *zamindar* Narayan *Mukhujjyé* contre son propre fils.

Il était environ trois heures de l'après-midi. Narayan *Mukhujjyé-mochaï,* assis dehors, fumait son *houka* tandis qu'un domestique le rafraîchissait à l'aide d'un éventail. Étonné par l'arrivée inattendue du *pandit* et de son élève, il s'exclama :

– Ah ! c'est vous, Gôvindo !

Gôvindo était de caste *kâyastha* ; il se prosterna devant le *zamindar,* un *brahmane,* pour lui présenter ses respects et puis, désignant Bhoulo, raconta l'incident dans le détail.

– Vraiment, *Deva* est incorrigible, fit remarquer *Mukhujjyé-mochaï,* assez contrarié.

– Veuillez me dire ce que je dois faire.

Le *zamindar,* posant son *houka* par terre, demanda :

– Où se trouve-t-il à présent ?

– Comment puis-je le savoir ? Il a chassé les garçons qui ont voulu l'attraper en leur lançant des pierres.

Pendant un petit moment, tous les deux restèrent silencieux. Puis Narayan *Babou* dit :

– Je ferai le nécessaire quand il sera de retour à la maison.

Accompagné de Bhoulo, Gôvindo retourna à l'école. Il rassembla alors tous ses élèves dans la salle de classe et là, terrorisant tout le monde par ses regards menaçants, il jura qu'il n'accorderait plus jamais à Devdas l'accès de son école bien que son père fût le *zamindar* du village. Du coup, l'école ferma ce jour-là un peu plus tôt que d'habitude. Sur le chemin du retour, les garçons commentèrent vivement l'incident.

– Ouf! tu vois, *Deva* est vraiment fort comme un bœuf! dit l'un des garçons.

– Bien fait pour Bhoulo! fit un autre.

– Oh! comme il sait lancer les pierres!

Un quatrième, prenant le parti de Bhoulo, déclara :

– Bhoulo se vengera. Attends un peu!

– Ah! mais comment pourra-t-il se venger si Devdas ne revient plus à l'école?

Parvoti, elle aussi, rentrait à la maison avec ce petit groupe de garçons, son livre et son ardoise à la main. Elle prit un garçon à part et lui demanda :

– Môni, est-ce vrai qu'on ne permettra plus jamais à *Dev-da* d'entrer à l'école?

– Oui, plus jamais, répondit Môni.

Parvoti s'éloigna. Cette réponse brutale la déconcerta fort.

Le père de Parvoti s'appellait Nilkantho Chakrabôrty. Chakrabôrty-*mochaï* était voisin de la famille du *zamindar*; sa petite maison de briques décrépite se trouvait à côté de la grande demeure de *Mukhujjyé-mochaï*. Il possédait des terres et c'est lui qui accomplissait les *puja* pour le voisinage. Le *zamindar* lui-même subvenait à ses besoins de temps à autre. En somme, il s'agissait d'une famille plutôt aisée et qui ne vivait pas trop mal.

En chemin, Parvoti croisa d'abord Dharmadas, le domestique de la famille de Devdas. La famille *Mukhujjyé* avait embauché Dharmadas lorsque Devdas n'était encore qu'un bébé d'un an. Depuis ces douze dernières années, Dharmadas ne s'occupait que de lui.

Il l'accompagnait à l'école tous les matins et le rac-
compagnait à la maison à la fin des classes. C'était sa
routine quotidienne et il la suivait avec une inlassable
assiduité. Aujourd'hui même, c'était pour raccompagner Devdas à la maison qu'il se dirigeait vers l'école.
Apercevant Parvoti à mi-chemin, il lui demanda :

— Paru, où est ton *Dev-dada* ?

— Il s'est sauvé.

— Il s'est sauvé ! Que veux-tu dire ? demanda
Dharmadas très étonné.

Une fois de plus, Parvoti partit d'un fou rire en se
rappelant le visage pitoyable de *Bhôlanath* émergeant
du tas de chaux. Tout en riant, elle dit :

— Dharma, vous savez, *Dev-da* – hi hi hi – dans le
tas de chaux – hi hi – hou hou – Dharma – il est
tombé à plat ventre…

Dharmadas, qui ne comprenait rien à ce qu'elle
lui racontait, se mit à rire lui aussi. Puis se calmant, il
reprit affectueusement :

— Dis-moi, Parou, que s'est-il passé ?

— *Dev-da* a poussé… Bhoulo… dans le tas de
chaux, et s'est sauvé… hi hi hi…

Dharmadas devina le reste et, très inquiet, ajouta :

— Parou, sais-tu où il se trouve maintenant ?

— Comment voulez-vous que je le sache ?

— Oh, je suis sûr que tu le sais… Alors, dis-le-moi,
s'il te plaît. Mon pauvre petit, comme il doit déjà avoir
faim…

— Faim… sans doute, mais je ne vous dirai pas où
il se trouve.

– Pourquoi?

– Si je vous le dis, il me battra. Mais je veux bien aller lui porter à manger.

Quelque peu soulagé par ces paroles, Dharmadas la supplia:

– Bien, va lui porter à manger et cajole-le pour qu'il rentre avant la nuit.

– Entendu! Je le ramènerai.

En entrant chez elle, Parvoti s'aperçut que sa mère ainsi que celle de Devdas avaient tout entendu. On l'interrogea de nouveau. Elle leur raconta autant de cet incident qu'elle put le faire, moitié riant moitié grave.

Puis elle prit une quantité de riz soufflé qu'elle noua dans un bout de son *sari* et se mit en route vers l'un des jardins de manguiers appartenant au *zamindar*. Ce verger se trouvait tout près de la maison de la petite fille et dans un coin de celui-ci, il y avait un bosquet de bambous. Parvoti savait que Devdas avait défriché une partie de ce bosquet en vue de fumer en cachette. C'était là le lieu secret où il venait se réfugier.

Quand elle y pénétra, Parvoti aperçut Devdas qui, un *houka* à la main, fumait tranquillement tel un vieil homme sage. Son visage avait l'air sombre et portait bien des traces d'inquiétude. En voyant Parvoti, il fut content mais il n'exprima pas sa joie.

– Viens, dit-il d'un ton grave, tout en fumant.

Parvoti s'approcha et s'assit près de lui. Aussitôt, Devdas jeta son regard vers le bout noué de son *sari*. Sans dire un mot, il défit le nœud et se mit à mâcher le riz soufflé. Puis il demanda:

– Dis-moi, Parou, qu'a dit *pandit-mochaï*?

– Il a mis *Jèthâ-mochaï* au courant.

Devdas, les yeux écarquillés par la stupeur, reposa son *houka* par terre en s'écriant:

– Quoi! Il a informé mon père!

– Oui.

– Alors?

– On ne vous permettra plus jamais d'aller à l'école.

– De toute façon, je ne veux plus continuer mes études.

Comme il avait presque fini le riz soufflé, il regarda Parvoti en disant:

– Donne-moi de la *sandesh*.

– Mais je n'en ai pas apporté.

– Alors donne-moi de l'eau.

– Où trouverai-je de l'eau?

– Pourquoi es-tu venue ici si tu n'as rien pris avec toi? repliqua Devdas, agacé. Va me chercher de l'eau.

Parvoti qui n'appréciait pas cet ordre lancé d'un ton irascible lui répondit:

– Je ne pourrai pas ressortir. Pourquoi n'allez-vous pas en boire vous-même?

– Comment puis-je quitter ce lieu maintenant?

– Auriez-vous l'intention de rester ici pour de bon?

– Oui, pour le moment, tout au moins. Plus tard, je m'en irai.

Parvoti se sentit mal à l'aise. Elle avait envie de pleurer en voyant la désinvolture feinte de Devdas et en entendant ses paroles décousues. Elle proposa:

– *Dev-da*, moi aussi, je m'en irai.

– Où? Avec moi? Mais tu es folle ou quoi?

– Oui, il faut que je vous suive, répondit-elle en hochant la tête.

– Non, tu ne m'accompagneras pas. Apporte-moi d'abord de l'eau.

– Je dois m'en aller avec vous, répéta-t-elle.

– Commence par m'apporter de l'eau.

– Non. Si je pars, vous allez vous sauver.

– Non, je ne me sauverai pas.

Mais comme Parvoti ne le croyait pas, elle resta assise.

– Va me chercher de l'eau, ordonna de nouveau Devdas.

– Je n'irai pas.

Exaspéré, Devdas tira Parvoti par les cheveux et lui cria :

– Vas-y, je te dis.

Parvoti demeura silencieuse. Alors un coup frappé violemment s'abattit sur son dos :

– Tu ne t'en iras pas?

– Non, je ne m'en irai pas, je ne m'en irai pas, répéta Parvoti en fondant en larmes.

Devdas se leva alors et s'éloigna. Parvoti, elle aussi, quitta le bosquet tout en pleurant. Elle marcha jusque chez le père de Devdas. *Mukhujjyé-mochaï,* qui aimait beaucoup Parvoti, lui demanda affectueusement :

– Parou, mon enfant, pourquoi pleures-tu?

– *Dev-da* m'a frappée.

– Où est-il?

– Dans le bosquet de bambous où il fumait du
tabac.

Mukhujjyé-mochaï était déjà en colère depuis que
pandit-mochaï s'était plaint du comportement de son
fils. À présent, la nouvelle que Parvoti venait de lui
apprendre le mit hors de lui. Il demanda d'un ton
surpris :

– *Deva* fume, dis-tu ?

– Oui, il fume, il fume tous les jours. Il cache son
houka dans le bosquet de bambous.

– Alors, pourquoi ne m'as-tu pas averti ?

– Il m'aurait battue.

Mais ce n'était pas la vérité. En fait, Parvoti avait
gardé le silence parce qu'elle ne voulait pas que son
Dev-da fût puni. Si aujourd'hui elle avait révélé son
secret, c'était parce qu'elle était furieuse contre lui.
N'ayant que huit ans, elle était bien trop jeune pour
contenir sa colère, mais elle ne manquait pourtant ni
d'intelligence ni de bon sens. De retour chez elle, elle
alla se coucher et pleura longtemps avant de se laisser
gagner par le sommeil. Ce soir-là, elle ne dîna même
pas.

2

Le lendemain, Devdas reçut une bonne raclée. On l'enferma dans sa chambre toute la journée. Enfin, comme sa mère en larmes intercéda auprès de Monsieur Mukherjee, ce dernier libéra son fils. Le jour suivant, très tôt le matin, Devdas se précipita vers la maison de Parvoti, et planté sous sa fenêtre, l'appela :

– Parou, Parou !

– *Dev-da* ! répondit Parvoti en ouvrant la fenêtre.

Devdas lui fit signe de descendre vite. Lorsqu'ils se retrouvèrent ensemble, Devdas lui demanda avec colère :

– Pourquoi leur as-tu dit que je fume ?

– Pourquoi m'avez-vous battue ?

– Pourquoi as-tu refusé d'aller chercher de l'eau ?

Parvoti resta silencieuse.

– Tu es vraiment stupide, reprit alors Devdas. Ne recommence pas.

– Bon, acquiesça Parvoti en hochant la tête.

– Allons-y, alors, il faut fabriquer quelques cannes
à pêche. Nous irons pêcher aujourd'hui à l'étang.

Il y avait un arbre mort près du bosquet de bambous. Devdas y monta prestement. Avec beaucoup
d'efforts, il fit ployer la tige d'un bambou qui se trouvait à proximité et la tendit à Parvoti en disant :

– Fais bien attention de ne pas lâcher prise, sinon,
je tombe.

Parvoti s'accrocha de son mieux à la tige. Devdas,
s'y appuyant, posa les pieds sur une branche morte
et commença à couper des cannes. Parvoti lui
demanda :

– *Dev-da*, n'irez-vous pas à l'école aujourd'hui ?

– Non.

– Mais *Jèthâ-mochaï* va vous y forcer.

– Mon père en personne a dit que je n'étudierais
plus à l'école. Le *pandit* viendra m'enseigner à la maison.

Pensive, Parvoti ajouta :

– Depuis hier matin, l'école commence de bonne
heure à cause de la chaleur. Je dois donc partir maintenant.

Se fâchant tout rouge, Devdas lui lança du haut
de l'arbre :

– Non, tu ne dois pas y aller.

À cet instant-là, Parvoti, distraite, laissa glisser de
ses doigts la tige de bambou qui s'éleva en l'air, ce
qui provoqua la chute de Devdas. Comme la branche
n'était pas très haute, Devdas en fut quitte pour des
bleus. Furieux, il ramassa une petite branche sèche

avec laquelle il se mit à frapper violemment Parvoti. Les coups tombaient à l'aveuglette sur son dos, ses joues, partout. Puis rugissant de colère, il lança :

– Va-t'en d'ici !

Tout d'abord, Parvoti se sentit honteuse de sa négligence. Mais avec les coups qui s'abattaient sans cesse sur elle, elle fut emplie de colère, elle aussi, et de peine. Le regard enflammé, elle menaça Devdas en pleurnichant :

– Je vais le dire à *Jèthâ-mochaï* !

La colère de Devdas redoubla et il la frappa de nouveau.

– Vas-y, va lui dire tout de suite tout ce que tu veux, hurla-t-il, ça m'est égal.

Parvoti s'en alla. Quand elle se trouva à une certaine distance, Devdas la rappela :

– Parou !

Feignant de ne pas l'avoir entendu, elle se hâta davantage. Devdas l'appela de nouveau :

– Ô Parou, écoute-moi, reviens !

Parvoti ne répondit pas. Énervé, Devdas lâcha :

– Qu'elle s'en aille, j'en ai assez !

Après le départ de Parvoti, Devdas parvint à couper grossièrement deux ou trois cannes à pêche. Son cœur pourtant n'y était pas.

Parvoti rentra à la maison en pleurant. On distinguait des marques de coups sur ses joues pâles qui enflèrent et virèrent au bleu. Sa grand-mère, la première à l'apercevoir dans cet état, poussa un cri :

– Oh ! mon Dieu ! Qui t'a battue si cruellement ?

– *Pandit-mochaï,* répondit Parvoti en s'essuyant les larmes.

La grand-mère prit alors Parvoti dans ses bras et dit d'un ton rageur :

– Viens, allons maintenant trouver Narayan, je ne lâcherai pas ce *pandit*-là. Ah ! il a failli tuer ma pauvre petite fille !

– Allons-y, dit Parvoti en s'accrochant au cou de sa grand-mère.

Dès qu'elles furent arrivées auprès de *Mukhujjyé-mochaï,* la grand-mère se mit à insulter les aïeux de *pandit-mochaï* de tous les noms et elle ne leur offrit pas non plus de bonnes nourritures. Elle finit par se répandre en invectives contre Gôvindo et puis dit :

– Narayan, vois-tu l'audace de cet homme ! Lui est de la caste de *shudra.* Comment ose-t-il lever la main sur une fille *brahmane* ! Regarde seulement comment il l'a battue !

La vieille femme commença alors à montrer avec sympathie les enflures bleues sur la joue délicate de Parvoti.

– Qui t'a battue, Parou ? demanda Narayan *Babou.*

Parvoti garda le silence. Aussitôt sa grand-mère s'écria :

– Qui ? Qui d'autre que ce *pandit* têtu ?

– Pourquoi t'a-t-il battue ? reprit Narayan *Babou.*

Parvoti ne répondit toujours pas. *Mukhujjyé-mochaï* comprit qu'elle avait été battue pour un délit quelconque. Mais il pensa aussi qu'une telle violence

était tout à fait déplacée et il le leur dit sans réserve.
Parvoti lui montra alors son dos en disant :

— Il m'a même battue ici.

Les marques sur le dos étaient beaucoup plus pro-
fondes, beaucoup plus visibles. Les deux adultes
devinrent très troublés. *Mukhujjyé-mochaï* exprima
même le désir de sommer *pandit-mochaï* pour que ce
dernier lui fournisse l'explication de sa conduite. Et
finalement, on décida que les enfants ne devaient pas
être placés sous la responsabilité d'un tel *pandit*.

Transportée de joie par ce verdict, Parvoti rentra à
la maison assise sur une hanche de sa grand-mère.
Mais chez elle, elle dut faire face à l'interrogatoire de
sa mère.

— Dis-moi, pourquoi t'a-t-il battue ? insista sa mère.

— Sans aucune raison.

Sa mère lui chauffa les oreilles en disant :

— Bat-on jamais quelqu'un sans raison ?

Heureusement, sa belle-mère passait à ce moment-
là par la véranda. Elle s'avança vers le seuil de la
chambre et dit :

— *Bôüma*, si vous, en tant que mère, pouvez battre
votre fille sans raison, alors pourquoi ce rustre ne le
ferait-il pas ?

— Je suis sûre qu'il ne l'a pas battue sans raison,
riposta la belle-fille. C'est une fille innocente mais elle
a dû faire quelque chose de grave pour avoir été battue de la sorte.

— Bon, peut-être, répondit la belle-mère, vexée.
Mais je ne lui permettrai plus d'aller à l'école.

– Elle n'apprendra donc pas un peu à lire et à écrire ?

– À quoi bon apprendre, *Bôüma*. C'est plus que suffisant si elle sait écrire ses lettres et lire quelques pages du *Râmâyana* ou du *Mahâbhârata*. Souhaiteriez-vous que votre Parou devienne avocate ou juge ?

Vaincue, la belle-fille fut réduite au silence.

Ce jour-là, Devdas, craignant le pire, rentra à la maison sur la pointe des pieds. Il n'avait plus le moindre doute que Parvoti avait déjà mis son père au courant du traitement qu'il lui avait infligé. Mais à la maison, tout était calme. De plus, il apprit de sa mère que le *pandit* Gôvindo avait gravement battu Parvoti et que, par conséquent, elle n'irait plus à l'école. Aux anges, Devdas ne fit qu'une bouchée de son repas et courut droit à Parvoti. Arrivé auprès d'elle, il lui demanda, tout haletant :

– Tu n'iras plus à l'école ?

– Non.

– Comment cela ?

– J'ai dit que *pandit-mochaï* m'avait battue.

Devdas lui adressa un grand sourire. Puis, tapotant sur le dos de la jeune fille, il déclara que nulle part ailleurs au monde il n'existait une fille aussi intelligente qu'elle. Enfin, il se mit à examiner lentement les taches bleues sur ses joues.

– Ah ! ma pauvre ! dit-il tout en soupirant.

– Que voulez-vous dire ? demanda Parvoti en souriant.

– Je t'ai fait très mal, n'est-ce pas, Parou ?

– Oui, répondit-elle d'un signe de la tête.

– Ah! ma chère! Mais pourquoi te comportes-tu ainsi? Ça me met en colère et alors je te bats.

Ces paroles de Devdas firent monter des larmes aux yeux de Parvoti. Elle voulut lui demander ce qu'il entendait par « te comportes-tu ainsi », mais elle se retint.

– Ne recommence pas, d'accord? lui dit-il en lui caressant les cheveux.

– D'accord, dit Parvoti en hochant la tête.

Devdas lui tapota le dos encore une fois en disant:

– Bien, alors je ne te battrai plus jamais.

3

Ainsi s'écoulaient les jours. Devdas et Parvoti, ces deux enfants, goûtaient les meilleurs moments de leur vie. Par routine quotidienne, ils traînaient sur les chemins toute la journée au soleil et rentraient tard le soir à la maison. Là, ils recevaient une bonne correction de leurs parents. Le matin ils disparaissaient de nouveau, et de nouveau, le soir, ils subissaient reproches et coups. La nuit, comme les bébés, ils dormaient sans souci ni anxiété. De nouveau, il faisait jour et de nouveau, ils se remettaient à jouer. Ils n'avaient pas d'autres camarades et n'en ressentaient pas le besoin d'ailleurs. Ces deux enfants étaient capables d'ameuter tout le quartier de leur présence turbulente et tapageuse.

Or, un jour, peu après le lever du soleil, ils allèrent tous deux pêcher à l'étang. Ils rentrèrent chez eux à midi, les yeux injectés de sang, après avoir troublé toute l'eau de l'étang, pêché quinze petits poissons et

partagé leur pêche selon leur préférence. La mère de
Parvoti flanqua une bonne rossée à sa fille et l'enferma toute la journée dans sa chambre. Je ne sais pas
exactement quel fut le sort de Devdas car il révélait
rarement, pour ne pas dire jamais, les punitions qu'il
recevait de ses parents. Cependant, vers deux heures
ou deux heures et demie de l'après-midi, alors que
Parvoti pleurait à chaudes larmes dans sa chambre,
Devdas vint sous sa fenêtre et l'appela très doucement :

– Parou, ô Parou !

Parvoti avait peut-être entendu son appel, mais
comme elle boudait, elle ne répondit pas. Devdas
passa alors le reste de la journée assis sur une haute
branche du *champa* qui se trouvait à proximité. À la
tombée de la nuit, Dharmadas dut l'amadouer longuement afin de le faire descendre de l'arbre et le
ramener à la maison.

Quoi qu'il en soit, le lendemain matin, Parvoti,
ayant cessé de faire la tête, attendit avec impatience
l'arrivée de son *Dev-dada,* mais celui-ci ne vint pas. Il
s'était rendu à une invitation dans un village voisin
avec son père. Déçue et triste, Parvoti sortit toute
seule de la maison. La veille, au moment où il était
descendu jusqu'à l'étang, Devdas avait demandé à
Parvoti de lui garder trois roupies, car il craignait de
les perdre dans l'eau. Elle avait noué cet argent avec
soin à l'extrémité du pan de son *sari.* Elle passa pas
mal de temps toute seule faisant un tour ici et là en
tâtant de temps à autre le bout de son *sari.* Elle ne

rencontra aucune de ses camarades de classe puisque, le matin, elles se trouvaient toutes à l'école. Elle se dirigea donc vers l'autre bout du quartier voisin. Là se trouvait la maison de Mônôroma. Mônôroma étudiait à l'école; un peu plus âgée que Parvoti, c'était son amie de cœur. Cela faisait des jours qu'elles ne s'étaient pas rencontrées. Aujourd'hui, comme elle était libre, Parvoti décida d'aller la retrouver. Arrivée au seuil de sa maison, elle appela:

– Mônô, es-tu là?

La tante de Mônôroma sortit.

– Parou?

– Oui. Où est Mônô, ma tante?

– À l'école. Mais comment se fait-il que tu n'y sois pas à cette heure-ci, Parou?

– Je ne vais plus à l'école et *Dev-da* non plus.

– Excellent! Ni toi ni ton *Dev-da* n'allez à l'école, hein! s'exclama la tante avec un sourire ironique.

– C'est ça. Nous n'y allons plus, ni l'un ni l'autre.

– Très bien, c'est une bonne nouvelle. Mais Mônô, elle, est allée à l'école.

La tante de son amie lui demanda d'attendre un peu mais Parvoti n'avait pas envie de rester. Elle prit le chemin du retour. Comme elle rentrait, elle croisa en chemin, devant la boutique de Rôsik Pâl, trois *Voïshenavis*. Elles portaient des marques de pâte de santal sur le front et tenaient un tambourin à la main. Elles étaient en train de mendier lorsque Parvoti les appela:

– Ô *Bôstômis*, savez-vous chanter?

L'une d'elles se retourna en disant :
– Bien sûr, mon enfant !
– Alors chantez-moi quelque chose, s'il vous plaît.
À cette demande, toutes les trois firent demi-tour.
L'une d'elles, se retournant, lui dit avec douceur :
    – Tu sais, mon enfant, nous ne chantons pas gra-
tuitement. Tu dois nous faire l'aumône. Allons chez
toi et nous y chanterons.
    – Non, il faut que vous chantiez ici.
    – Mais, mon enfant, tu dois nous offrir des petites
pièces.
    – Je n'ai pas de petites pièces mais j'ai des roupies,
répondit Parvoti en désignant le bout de son *sari*.
    Rassurées à la vue de l'argent, elles allèrent s'as-
seoir un peu à l'écart de la boutique. Elles commencèrent à chanter en chœur des chants dévotionnels au
son du tambourin.
    Parvoti n'en comprit ni les mots ni le sens. Elle
n'aurait pu les comprendre même si elle avait essayé.
Mais à l'écoute de la musique, tout son cœur s'élança
vers son *Dev-dada*.
    Les chants terminés, les *Voïshenavis* demandèrent :
    – Alors, donne-nous ce que tu veux, mon enfant !
    Parvoti dénoua le bout de son *sari* et leur tendit les
trois roupies. Voyant une telle somme, elles regardè-
rent Parvoti d'un air ébahi.
    L'une d'elles demanda :
    – À qui appartient cet argent, mon enfant ?
    – À *Dev-dada*.
    – Ne te battra-t-il pas ?

Parvoti réfléchit un moment et puis répondit d'un air mal assuré :

– Non.

– Longue vie, mon enfant! s'écria l'une d'elles.

– Ce sera facile de partager cet argent entre vous trois, n'est-ce pas? fit remarquer Parvoti avec un sourire.

Toutes les trois lui firent oui de la tête en disant :

– Sans nul doute. Que *Râdhârâni* te bénisse!

Après ces mots, les trois *Voïshenavis* versèrent des bénédictions sincères sur cette petite fille charitable afin qu'elle ne soit pas punie pour sa générosité.

Ce jour-là, Parvoti rentra à la maison de bonne heure. Le lendemain matin, elle croisa Devdas sur la grand-route. Il tenait à la main un fuseau à cerf-volant, mais il n'avait pas de cerfs-volants. Il voulait en acheter quelques-uns. Quand Parvoti s'approcha de lui, il demanda :

– Parou, rends-moi mon argent.

Le visage de Parvoti s'assombrit.

– Je n'ai plus d'argent, répondit-elle.

– Mais qu'est-ce que tu en as fait?

– Je l'ai donné aux *Bôstômis* pour qu'elles chantent.

– Quoi! Tu leur as tout donné?

– Oui, tout. Il n'y avait que trois roupies.

– Imbécile! Fallait-il leur donner tout, hein?

– Bah! elles étaient trois. Comment allaient-elles partager l'argent si je ne leur donnais pas trois roupies?

– À ta place, je leur aurais donné deux roupies, répondit Devdas d'un air grave.

Il griffonna alors sur le sol quelques chiffres à l'aide du bout de son fuseau et dit :

– Dans ce cas-là, chacune d'elles aurait reçu dix annas treize gondas, un cora et un cranti.

– Sont-elles aussi fortes en mathématiques que vous ? interrogea Parvoti après réflexion.

Devdas avait appris les mathématiques jusqu'à *Mônecocha* avec beaucoup de difficulté. Cette question de Parvoti le flatta.

– Tu as raison, répondit-il.

– *Dev-da*, j'ai eu tellement peur, avoua Parvoti en le prenant par la main. J'ai pensé que vous me battriez.

– Pourquoi te battrais-je ? demanda Devdas, étonné.

– Les *Bôstômis* aussi avaient pensé que vous me battriez à cause de ma prodigalité.

Très content de ces paroles, Devdas plaça ses mains sur les épaules de Parvoti et dit :

– Dis-moi, t'ai-je jamais battue sans raison ?

Devdas pensa sans doute que ce geste de Parvoti n'était pas répréhensible. Après tout, il était facile de partager trois roupies entre trois personnes, surtout pour ces *Bôstômis* qui n'avaient même pas appris jusqu'à *Mônecocha* à l'école. Alors si elle leur avait donné deux roupies au lieu de trois, cela aurait été en quelque sorte un problème pour elles. Puis prenant Parvoti par la main, Devdas se dirigea vers le petit

marché pour acheter des cerfs-volants. En route, il
cacha son fuseau dans un buisson qui se trouvait tout
près.

4

Toute une année s'envola de cette façon, mais les choses ne pouvaient pas durer ainsi éternellement. La mère de Devdas s'impatientait du comportement insouciant de son fils. Un jour, elle déclara à son mari :

– *Deva* est devenu un véritable paysan. Veuillez faire quelque chose à son égard.

Monsieur Mukherjee réfléchit un bon bout de temps avant de dire :

– Qu'il aille à Kolkata. Il peut habiter chez Nagen et finir ses études.

Nagen *Babou* était l'oncle maternel de Devdas.

Bientôt tout le monde fut au courant de cette décision. Parvoti fut choquée d'apprendre cette nouvelle. Un jour, trouvant Devdas tout seul, elle s'approcha de lui et lui dit en se cramponnant à son bras :

– *Dev-da*, est-ce vrai que vous irez à Kolkata ?

– Qui t'a dit cela ?

– *Jèthâ-mochaï.*

– Absurde ! Je n'irai jamais.

– Et s'il vous force ?

– Force ?

Devdas fit une moue de dédain telle que Parvoti comprit qu'il n'existait pas une seule âme au monde qui puisse le forcer à faire quoi que ce fût contre son gré. C'était exactement cela qu'elle voulait savoir. Toute ravie de la tournure de l'événement, elle s'accrocha au bras de Devdas de nouveau, s'y laissa pendre encore une fois, observa son visage et finit par dire avec un léger sourire :

– Ne partez pas *Dev-da*, je vous en supplie.

– Je ne partirai jamais.

Mais Devdas ne put tenir sa promesse. Après l'avoir grondé, réprimandé et même frappé durement, son père parvint à l'envoyer à Kolkata accompagné de Dharmadas. Le jour du départ Devdas avait de la peine ; il n'éprouvait pas même une once de curiosité ou d'excitation pour le nouveau lieu qu'il allait découvrir. Parvoti, elle non plus, ne voulait pas le laisser partir ce jour-là. Elle pleurait à chaudes larmes mais en vain, personne ne lui prêtait attention. Elle fit alors la tête et refusa de parler à Devdas. Finalement, celui-ci l'appela et lui dit :

– Écoute, Parou, je reviendrai bientôt ; et s'ils ne me laissent pas revenir, je me sauverai et je reviendrai.

Seulement alors Parvoti se calma et s'épancha auprès de lui. Devdas prit ensuite la grosse valise, toucha les pieds de ses parents et reçut leurs bénédictions. Enfin, mêlant ses larmes à celles de sa mère, il monta dans un fiacre et partit.

Parvoti était accablée de chagrin. Ses joues ruisselaient de larmes et son cœur se déchirait. Ainsi se passèrent les premiers jours. Puis un matin elle se réveilla pour se rendre compte soudain qu'elle n'avait rien à faire pendant toute la journée. Jusqu'ici, depuis qu'elle avait quitté l'école, elle passait ses journées à errer sur les chemins ou bien à jouer avec Devdas. Elle avait alors tant de choses à faire et si peu de temps pour les accomplir. Mais maintenant elle avait tant de temps libre et si peu à faire ! Quelquefois elle se levait très tôt le matin et s'asseyait pour écrire des lettres à Devdas. Lorsque sonnaient dix heures, elle était toujours en train d'écrire. Sa mère s'énervait alors et la grondait. Sa grand-mère, en entendant les cris de sa bru, s'exclamait :

– Pauvre petite ! qu'elle écrive. C'est mieux de lire ou d'écrire un peu que de courir par-ci par-là le matin.

Par contre, Parvoti était enchantée le jour où le facteur apportait une lettre de Devdas. Elle passait alors toute la journée à la lire et la relire assise au pied de l'escalier. Deux mois s'écoulèrent ainsi ; les lettres s'espacèrent et l'enthousiasme des premiers jours diminua des deux côtés.

Un matin, Parvoti s'approcha de sa mère en lui disant :

– Maman, je voudrais retourner à l'école.

– Pourquoi, mon enfant ? demanda la mère quelque peu étonnée.

– Oui, j'en ai très envie, répondit Parvoti en hochant la tête.

–. C'est bien. T'ai-je jamais empêchée d'aller à l'école, mon enfant ?

Ce jour-là, vers midi, Parvoti dénicha son livre et son ardoise abandonnés depuis bien longtemps. Puis, accompagnée d'une domestique, elle marcha jusqu'à l'école et reprit calmement sa place ancienne comme si de rien n'était.

La domestique s'adressa à *pandit-mochaï* en ces termes :

– *Gourou-mochaï,* ne la battez plus. Elle est de retour de son propre gré. Qu'elle étudie si elle le veut et qu'elle parte quand elle le veut.

« Qu'il en soit ainsi », se dit-il en lui-même. Puis haussant la voix il dit :

– C'est entendu.

Le *pandit* était à deux doigts de lui demander pourquoi on n'avait pas envoyé Parvoti aussi à Kolkata. Mais il se retint. Parvoti constata que Bhoulo, le chef de classe, était assis à la même place qu'il occupait autrefois sur le banc. D'abord, elle eut envie de rire, mais un moment plus tard, elle était en pleurs. Puis elle se mit en colère contre Bhoulo. Elle pensa que lui seul était responsable d'avoir chassé Devdas de sa maison. Plusieurs jours passèrent ainsi.

Devdas rentra au village après une longue absence. Parvoti se précipita chez lui tout excitée. Ils parlèrent beaucoup. Parvoti n'avait pas beaucoup à dire ou bien, malgré son envie, elle n'arrivait pas à parler lon-

guement. Mais Devdas, lui, racontait plein d'histoires, la plupart desquelles étaient sur Kolkata. Puis,
les vacances d'été tirèrent à leur fin. Devdas repartit
à Kolkata. Cette fois-ci encore les larmes ruisselèrent
mais les flots semblaient plus faibles qu'auparavant.

Quatre années s'écoulèrent ainsi. Pendant ces
quelques années, les habitudes de Devdas changèrent
tellement que Parvoti dut plusieurs fois verser des
larmes en privé. Le séjour à la ville avait complètement effacé les habitudes rustiques de Devdas. Il portait maintenant des chaussures de marque étrangère,
des vêtements coûteux, une canne luxueuse, une
montre-bracelet et des boutons en or. Sans ces acces-
soires, il se sentait honteux. Il n'avait plus envie d'aller se promener au bord de la rivière du village ; par
contre, il trouvait un grand plaisir à aller à la chasse,
le fusil à la main et à la pêche où au lieu de petits fre-
tins, il voulait pêcher de gros poissons. Enfin, il aimait
parler de société, de politique, de réunions, de comi-
tés et même de cricket ou de football. Hélas ! malheur à Parvoti et à leur village Talsônapour ! Sans
doute, quelques souvenirs d'enfance visitaient parfois
son esprit, mais son goût pour les activités citadines
chassait ces souvenirs heureux.

Cette année-là, les parents de Devdas le pressèrent
de venir passer ses vacances estivales au village car
l'année précédente, il les avait passées ailleurs.
Devdas fit sa valise à contrecœur et se mit en route.
Il arriva un jour à la gare d'Howrah pour se rendre à
son village Talsônapour. Il n'allait pas très bien en

arrivant chez lui ; il ne sortit donc pas. Le lendemain,
il alla chez Parvoti et appela :

– Tante.

Avec beaucoup d'affection, la mère de Parvoti l'accueillit par ces mots :

– Venez, mon fils, asseyez-vous.

Il passa quelque temps s'entretenant avec la tante,
puis il dit :

– Où est Parou, tante ?

– Elle doit être dans la pièce du haut.

Devdas monta à l'étage et vit Parvoti allumer la
lampe à huile.

– Parou, prononça-t-il.

Parvoti eut l'air un peu interloqué. Puis elle lui
toucha respectueusement les pieds et s'écarta.

– Qu'y a-t-il, Parou ? demanda Devdas.

C'était évident ; les mots étaient inutiles. Parvoti
resta muette. Puis une étrange hésitation s'empara de
Devdas si bien qu'il finit par dire :

– Il faut que je file maintenant, il fait déjà noir
dehors. Je ne vais pas bien non plus.

Devdas s'en alla.

5

D'après sa grand-mère, Parvoti venait d'avoir treize ans. C'est l'âge où le corps de l'adolescente s'épanouit soudain pour ainsi dire et se revêt d'une beauté indicible. Les parents et les proches sont ébahis de découvrir un jour que leur petite fille a grandi. Alors, on se presse pour la marier. Depuis quelques jours, c'était bien le sujet de discussion dans la famille Chakrabôrty. La mère de Parvoti avait le cœur gros parce que sa fille n'était pas encore mariée. Elle disait à son mari de temps en temps :

– Vraiment, nous ne devons plus différer le mariage de Parvoti.

Ils n'étaient pas très riches, mais heureusement, leur fille était très belle. Si la beauté était une valeur dans ce monde, alors Parvoti ne leur causerait pas d'ennuis. Il y a aussi une autre chose à préciser et il faut que j'en parle ici et maintenant. Jusque-là, dans la famille Chakrabôrty, on ne s'inquiétait guère du mariage de la fille, on s'inquiétait plutôt du mariage du fils. La coutume voulait qu'on acceptât la dot au mariage d'une fille, alors qu'au mariage d'un fils, on offrait la dot pour faire venir la belle-fille à la maison. Même le père de Nilkantho avait pris la dot à l'occasion du mariage de sa fille. Mais Nilkantho lui-même abhorrait cette coutume. Il ne voulait pas du tout vendre Parvoti. La mère de Parvoti le savait bien. Voilà pourquoi, elle pressait souvent son mari de marier leur fille.

Jusque-là, la mère de Parvoti avait nourri le faible espoir que, d'une manière ou d'une autre, elle marierait sa fille avec Devdas. Après tout, ce désir n'était pas tout à fait irréalisable. Elle pensait que si elle faisait une requête à Devdas à ce sujet, peut-être y aurait-il une solution. C'est pourquoi, sans doute, au cours d'une conversation avec la mère de Devdas, la mère de Nilkantho aborda-t-elle ainsi ce propos :

— Ah ! *Bôüma,* votre Devdas et ma Parou, comme ils s'aiment passionnément ! C'est quelque chose de très rare, vraiment !

— Et pourquoi n'en serait-il pas ainsi, tante ? répondit la mère de Devdas. Tous les deux ont grandi ensemble depuis leur enfance comme frère et sœur.

— Oui, oui, *Mâ...* C'est pour cette raison que je pense que si tous les deux... Rendez-vous compte, *Bôüma,* que lorsque Devdas est parti pour Kolkata, cette enfant n'avait que huit ans et à cet âge si tendre, elle pensait tellement à lui qu'elle avait fini par s'émacier. Quand elle recevait une lettre de Devdas, cette lettre devenait pour elle comme un chapelet. Nous le savons tous bien !

La mère de Devdas comprit intérieurement toutes les allusions voilées de ces paroles. Elle esquissa un faible sourire. Il y avait davantage de pathétique que d'ironie dans ce sourire. Elle aussi savait tout et elle aussi aimait beaucoup Parvoti ; mais Parvoti appartenait à une famille de commerçants ! De plus, c'était une famille voisine. Oh, quelle honte !

– Vous savez, tante, reprit la mère de Devdas, mon mari ne veut pas marier son fils en ce moment. Il est trop jeune et il n'a pas encore fini ses études. En fait, il me répète encore maintenant : « Ce fut une grosse erreur d'avoir marié si jeune notre fils aîné, Dwijodas ! Il n'a pas pu finir ses études. »

La grand-mère de Parvoti était embarrassée outre mesure. Pourtant, elle poursuivit :

– Je le sais bien, *Bôüma,* mais vous comprenez, Parou, cette fille de la déesse *Sasthi,* a bien poussé et elle est en train de prendre de belles formes ; et donc... et donc... si Naran n'a pas d'objection...

La mère de Devdas l'arrêta net :

– Non, ma tante, je ne pourrai pas en parler à mon mari. Si je propose le mariage de Devdas en ce moment, il se fâchera.

L'affaire aurait pu s'arrêter là. Mais les femmes ne savent pas garder les secrets. Au déjeuner, la mère de Devdas souleva le sujet auprès de son mari :

– La grand-mère de Parou a parlé aujourd'hui de son mariage.

Son mari leva les yeux en disant :

– Oui, Parou semble avoir bien grandi ; ce serait raisonnable de la marier vite.

– C'est pourquoi elle a abordé ce sujet aujourd'hui. Elle disait que si c'était avec Devdas…

– Que lui avez-vous répondu ? demanda le mari en fronçant les sourcils.

– Que pouvais-je lui dire ? Moi, je lui ai expliqué notre position. Deva et Parou, ils sont comme les doigts de la main, c'est vrai. Mais est-ce une raison pour accepter comme notre bru une fille issue d'une famille de commerçants ? D'ailleurs, ce sont nos voisins ; alors avoir des parents là, si proches, oh, quelle honte !

Satisfait, le mari acquiesça :

– C'est exactement cela. Est-ce que je me moquerai de la tradition et de la renommée de notre famille ? Ne prêtez pas l'oreille aux paroles des voisins.

Avec un sourire en coin, la femme affirma :

– Non, je ne vais pas prêter l'oreille à ce qu'on dit mais vous ne devez pas oublier ces faits, vous non plus.

Le mari prit gravement une bouchée de riz et reprit :

– Si j'avais cette habitude d'oublier, alors cette vaste propriété se serait volatilisée, il y a bien longtemps.

Que sa propriété reste entière de longues années, nous n'y voyons aucune objection. Mais jetons un coup d'œil sur la misère de Parvoti. Lorsque le sujet

de ce mariage fut pratiquement révoqué et que
Nilkantho, le père de Parvoti, l'apprit, il appela sa
mère et lui fit des réprimandes :

— Maman, pourquoi êtes-vous allée faire cette proposition ?

La mère de Nilkantho resta silencieuse.

— Nous ne devons pas supplier les autres, continua
Nilkantho, tout au contraire, les autres devraient venir
nous supplier. Ma fille n'est pas laide. Vous verrez, je
vous affirme aujourd'hui même que dans une hui-
taine de jours, son mariage sera arrangé. Ce n'est pas
un problème. Pourquoi vous inquiétez-vous à ce
sujet ?

Mais l'intéressée pour laquelle son père fit une
telle promesse importante se sentit frappée par la
foudre. Depuis son enfance, elle était convaincue
qu'elle avait des droits exclusifs sur Devdas. Ce n'était
pas qu'on les lui avait offerts. Au début, il n'était pas
très clair, même pour elle, qu'elle pensait à Devdas de
cette façon. Mais avec les années, son esprit agité
avait revendiqué ses droits même à son insu, si doucement mais si fermement que, bien qu'elle n'eût pas
tangiblement ces droits jusque-là, dès qu'on commençait à parler de la perte de ces droits, un
effroyable orage se déchaînait dans son cœur.

Mais on ne pouvait pas dire la même chose à
l'égard de Devdas. Il avait joui de tous ses droits sur
Parvoti lorsqu'il était enfant. Mais une fois qu'il fut
parti pour Kolkata et qu'il y avait découvert d'autres
intérêts et divertissements, il avait dans une grande

mesure abandonné Parvoti. Il ne se doutait nullement
que Parvoti dans le train-train de sa vie rurale ne pensait qu'à lui seul, jour et nuit.

Ce ne fut pas tout. Parvoti avait l'impression
qu'avec l'approche de sa jeunesse, elle ne perdrait pas
si inopinément celui qui était à son cœur si proche, si
intime, qui avait cédé à tous ses caprices, justifiés et
injustifiés. Mais qui réfléchit au mariage pendant l'enfance? Qui sait que les nœuds de l'adolescence ne
seront jamais permanents à moins qu'ils ne soient
renouvelés par les vœux du mariage? C'est pourquoi,
la nouvelle que le mariage avec Devdas était impossible commença à déchirer son cœur en y arrachant
tous les fervents espoirs et tous les chers désirs qu'elle
avait caressés depuis toujours.

D'un autre côté, Devdas devait étudier le matin.
Comme il faisait très chaud à midi, il ne pouvait pas
sortir de chez lui; c'était seulement en fin d'après-
midi qu'il allait se promener. À cette heure-là, il sortait bien habillé, bien chaussé, la canne à la main et se
dirigeait vers la prairie. D'habitude, il empruntait le
chemin qui longeait la maison de la famille Chakrabôrty. Et de sa fenêtre du premier étage, Parvoti, tout
en séchant ses larmes, le regardait passer. Une foule
de souvenirs envahissait alors son esprit. Elle se rap-
pelait que tous les deux avaient grandi ensemble, mais
maintenant, après la longue séparation, ils ne se sen-
taient plus proches, ils éprouvaient plutôt de la honte
l'un envers l'autre. Devdas était venu chez elle l'autre
jour et était reparti aussitôt; il avait trop de honte

pour lui parler même sans gêne. Parvoti ne tarda pas
à le comprendre.

Devdas, lui aussi, pensait presque de la même
façon. De temps en temps, il avait envie de lui parler,
de la regarder avec attention ; mais immédiatement il
pensait : « Que vont dire les gens ? »

Ici, dans le village de Talsônapour, le tourbillon et
le tohu-bohu de la ville de Kolkata, son excitation et
ses divertissements, sa musique et ses théâtres lui
manquaient cruellement. Aussi était-il souvent assailli
par les pensées de son enfance. Il s'apercevait que sa
Parou qui avait été autrefois sa camarade de jeu était
devenue maintenant une jeune femme ! De son côté,
Parvoti pensait aussi que son *Dev-da* d'autrefois était
devenu aujourd'hui Devdas *Babou* !

Ces jours-ci, Devdas n'allait presque pas chez les
Chakrabôrty. S'il y rendait visite quelquefois à la tom-
bée de la nuit, il se plantait dans la cour et appelait :
– Tante, que faites-vous ?
– Entrez, mon enfant, disait la tante, asseyez-vous.
– Oh ! non, tante, pas maintenant, répondait
Devdas aussitôt. Je vais faire un petit tour dans le
coin.

À ce temps-là, Parvoti se trouvait quelquefois à
l'étage, quelquefois devant Devdas. Comme ce dernier
parlait avec sa tante, Parvoti s'éloignait doucement. La
nuit, on allumait une lampe dans la chambre de
Devdas. Alors Parvoti passait des heures à regarder par
la fenêtre ouverte de l'été la chambre éclairée de
Devdas, mais rien d'autre ne s'y discernait.

Parvoti avait toujours été une fille fière. Elle ne voulait pas que quelqu'un ait le moindre soupçon de l'enfer qu'elle vivait. D'ailleurs, à quoi bon en informer les autres? Elle ne pourrait pas supporter leur sympathie. Quant aux reproches et aux critiques? Mieux vaudrait mourir que les subir.

Mônôroma avait été mariée l'année précédente. Mais elle n'était pas encore allée vivre chez son beau-père. Elle pouvait donc venir chez Parvoti de temps en temps. Auparavant, ces deux amies parlaient souvent de mariage et de choses de ce genre; elles en parlaient encore maintenant, mais Parvoti n'y prenait plus part; elle restait muette ou bien, changeait de sujet.

Le père de Parvoti s'était absenté quelques jours en quête d'un parti pour Parvoti. Il était revenu la veille au soir après avoir tout arrangé. Le futur marié n'était autre que Bhouban Chowdhury, le *zamindar* du village Hatipôta, dans le district de Burdwan à une centaine de kilomètres d'ici. Il vivait dans l'aisance et n'avait pas encore franchi le cap de la quarantaine. Il avait perdu sa femme l'année précédente d'où son envie de se remarier. Non seulement la nouvelle n'avait pas plu à tous les membres de la famille Chakrabôrty mais elle avait aussi causé du chagrin. Pourtant, c'était bien la vérité qu'une somme de deux ou trois mille roupies proviendrait du *zamindar* Bhouban Chowdhury en espèces et en nature, ce qui fit taire les femmes de la famille.

Un jour à midi, Devdas était en train de prendre son déjeuner. Sa mère s'approcha de lui et annonça:

– Alors, Parou va se marier.

– Quand? demanda Devdas en levant la tête.

– Ce mois-ci. Hier, ils sont venus la voir. Le futur marié lui-même est venu.

– Mais je n'en savais rien du tout, maman, fit remarquer Devdas, fort surpris.

– Comment aurais-tu pu le savoir? Le futur marié est veuf, d'un certain âge; cependant, on dit qu'il a beaucoup d'argent. Parou va vivre heureuse.

Devdas baissa la tête et continua de manger.

– Ils ont voulu fixer son mariage dans cette famille, reprit sa mère.

– Et puis? interrogea Devdas levant la tête.

– Oh, non! sourit la mère, ce n'est pas possible! C'est une famille de commerçants et d'un statut inférieur. En plus, ils sont nos voisins, oh, pouah!

Après avoir prononcé ces paroles, la mère pinça la bouche. Devdas s'en aperçut et garda le silence.

Après une pause de quelques minutes, la mère poursuivit:

– J'en ai parlé à ton père.

– Qu'est-ce qu'il a dit? demanda Devdas en levant la tête.

– Qu'est-ce qu'il pouvait dire? Il ne veut pas être la risée de tout le monde et ainsi ternir la réputation de notre famille. C'est ce qu'il m'a rétorqué.

Devdas ne dit rien de plus.

Ce jour-là, dans l'après-midi, Mônôroma faisait un brin de causette avec Parvoti. Les yeux de Parvoti étaient mouillés de larmes; Mônôroma venait peut-être de sécher les siennes. Cette dernière demanda:

– Alors, ma sœur, quel est ton choix?

– À quoi bon parler de choix maintenant? répondit Parvoti, en s'essuyant les yeux de nouveau. Avez-vous choisi votre mari avant de vous marier?

– Mon cas était différent. C'est vrai qu'il n'était pas une personne de mon choix, mais je ne le détestais pas non plus. En conséquence, je ne souffre pas du tout à cet égard. Mais, ma sœur, tu as causé ton propre malheur.

Parvoti ne répondit pas, elle se mit à réfléchir en silence.

Après un temps de réflexion, Mônôroma demanda avec un petit sourire:

– Parou, quel âge a le futur marié?

– Le futur marié de qui?

– Le tien.

Parvoti fit un petit calcul et puis dit:

– Dix-neuf ans peut-être.

– Mais… on vient de me dire qu'il a à peu près quarante ans! s'exclama Mônôroma, très étonnée.

Cette fois-ci, Parvoti eut aussi un petit rire.

– Mônô-*didi,* dit-elle, je ne sais pas vraiment combien de futurs mariés ont approximativement quarante ans. Mais autant que je sache, mon futur époux a environ vingt ans.

Mônôroma la regarda bien en face et demanda:

– Alors, comment s'appelle-t-il, ma chère?

De nouveau, Parvoti se mit à rire.

– Comment cela, vous ne le savez pas encore?

– Mais comment pourrais-je le savoir?

– Vous ne le savez pas, vraiment? Bien, d'accord, je vais vous le dire.

Avec un petit sourire et d'un air légèrement grave, elle s'approcha de Mônôroma et chuchota à son oreille:

– Il s'appelle... Sri Devdas...

Mônôroma fut d'abord interloquée. Puis elle repoussa Parvoti en disant:

– Ne plaisante plus. Dis-moi maintenant son nom, puisque tu n'es pas encore mariée. Tu ne pourras pas prononcer son nom après...

– Mais je viens de vous le dire.

– S'il s'appelle vraiment Devdas, répondit Mônôroma d'un ton de reproche, alors pourquoi pleures-tu toutes les larmes de ton corps?

Parvoti devint soudain très pâle. Elle réfléchit un instant et puis dit:

– C'est vrai, alors je ne devrais plus pleurer...

– Parou!

– Que dites-vous?

– Pourquoi ne me dévoiles-tu pas tout, ma petite sœur, je n'y comprends rien.

– Mais je viens de vous dire tout ce que j'avais à dire, reprit Parvoti.

– Mais je n'ai rien compris!

– Et vous ne comprendrez jamais, dit Parvoti en détournant son regard.

Mônôroma avait l'impression que Parvoti lui cachait la vérité, qu'elle n'avait aucune envie de lui ouvrir son cœur. Elle se sentit blessée; puis, d'un ton désolé, elle lui dit:

– Parou, si tu as de la peine, je voudrais bien la partager avec toi, ma sœur. Je désire de tout mon cœur que tu sois heureuse. Si tu as quelque secret que tu ne veux pas avouer, alors ne le fais pas ; mais ne te moque pas de moi.

– Je ne me suis pas moquée de vous, *didi*, dit Parvoti tristement. Je vous ai dit tout ce que je savais. Je sais que mon mari s'appelle Devdas et qu'il a dix-neuf ou vingt ans. Je n'ai rien dit de plus.

– Mais je viens d'apprendre par ta grand-mère que ton mariage a été fixé avec une autre personne.

– Comment, fixé ? Pour qui ? Évidemment, ma grand-mère ne va pas se marier maintenant. Si quel-qu'un doit se marier, ce ne sera personne d'autre que moi et je ne suis pas au courant.

Alors Mônôroma s'empressa de lui raconter tout ce qu'elle avait entendu.

– Oh ça ! je le sais déjà, l'interrompit Parvoti.

– Et alors ? Est-ce que Devdas t'a…

– Il m'a quoi…

Cachant ses rires, Mônôroma dit :

– Penses-tu à t'enfuir avec lui ? Avez-vous fait des arrangements en secret ?

– Rien n'est encore arrangé.

– Je ne comprends vraiment rien de ce que tu dis, Parou, reprit Mônôroma d'un ton blessé.

– Alors je demanderai à *Dev-da* et ensuite je vous expliquerai.

– Qu'est-ce que tu lui demanderas ? S'il t'épousera ou pas ?

Parvoti lui fit signe que oui de la tête.

Totalement déroutée, Mônôroma s'exclama :

– Quoi, Parou ? Tu le lui demanderas toi-même ?

– Pourquoi pas, *didi* ?

Mônôroma demeura stupéfaite.

– Je ne peux pas le croire. Toi, toi-même ?

– Bien sûr. Qui d'autre que moi lui demandera ?

– Tu n'auras pas honte ?

– Est-ce que j'ai eu honte de vous le dire ?

– Je suis une femme, votre amie, mais, lui, c'est un homme, Parou !

Un sourire errait sur les lèvres de Parvoti tandis qu'elle disait :

– Vous êtes mon amie, vous êtes quelqu'un de proche. Mais est-il étranger ? Si je vous dis quelque chose, ne puis-je pas le lui dire aussi ?

Mônôroma la regardait sidérée.

– Mônô-*didi*, continua Parvoti en souriant, vous portez en vain du *sindour* sur la tête. Vous ne savez pas ce que veut dire un « mari ». S'il n'était pas mon mari, mon seigneur, mon tout, au-delà de toutes mes hontes et de mes gênes, je ne serais pas prête à mourir pour lui. D'ailleurs, *didi*, quand quelqu'un est prêt à se tuer, est-ce qu'il considère si le poison est amer ou sucré ? Je n'éprouve aucune honte envers lui.

Mônôroma l'observait fixement. Après quelques moments, elle demanda :

– Qu'est-ce que tu lui diras ? Lui demanderas-tu de t'accepter et de te garder à ses pieds ?

– C'est exactement cela que je lui dirai, *didi*, répondit Parvoti en acquiesçant de la tête.

– Et s'il te refuse?

Parvoti demeura silencieuse pendant longtemps. Puis elle répondit:

– Je ne sais pas ce que je ferais dans ce cas-là.

Comme elle rentrait chez elle, Mônôroma pensait:

– Quel courage! Quel cœur! Je préférerais mourir que de prononcer de telles paroles.

C'était la vérité. C'est pourquoi Parvoti avait dit que les femmes comme Mônôroma portaient du *sindour* et des bracelets en fer sans comprendre pourquoi.

6

Il était peut-être une heure du matin passée. De pâles rayons de lune s'accrochaient encore au ciel. Parvoti s'enveloppa dans des draps de la tête aux pieds et puis descendit doucement l'escalier. Elle regarda autour d'elle; pas un chat dehors. Puis elle ouvrit la porte, sortit silencieusement de la maison et se retrouva dans le chemin. À cette heure-là, ce chemin villageois était absolument désert, rien ne bougeait et elle n'avait aucune chance de croiser quelqu'un. Elle marcha sans obstacle et s'arrêta devant la maison du *zamindar*. Au seuil du portail, Kishan Singh, le vieux gardien, était assis sur son lit de cordes et lisait le *Râmâyana* dans la version de *Tulsidas*. Il aperçut Parvoti qui entrait et sans lever les yeux, demanda :

– Qui est-ce ?

– C'est moi, répondit Parvoti.

Le gardien comprit par la voix que c'était une femme. La prenant pour une domestique, il ne lui posa pas d'autres questions et continua à réciter mélodieusement les vers du *Râmâyana*. Parvoti poursuivit son chemin. C'était l'été. Au dehors, dans la cour, étaient couchés quelques domestiques ; parmi eux, quelques-uns étaient endormis, les autres à demi éveillés. Les yeux ensommeillés, certains aperçurent peut-être Parvoti, mais ils ne lui dirent rien la prenant aussi pour une domestique. Parvoti entra sans entraves à l'intérieur de la maison, monta l'escalier et gagna l'étage. Chaque chambre, chaque véranda de cette maison lui était familière. Elle ne fut pas longue à reconnaître la chambre de Devdas. La porte était ouverte et une lampe à huile brûlait à l'intérieur. Parvoti y entra et vit que Devdas dormait d'un profond sommeil. Un livre était encore ouvert près de sa tête. On aurait dit qu'il venait de s'endormir. Parvoti garnit la lampe et s'assit sans bruit aux pieds de Devdas. Seule la grande horloge sur le mur faisait tic-tac ; à part cela, tout était silencieux, tout était endormi.

Plaçant sa main sur les pieds de Devdas, Parvoti l'appela à voix basse :

– *Dev-da*.

Bien qu'endormi, Devdas entendit un appel. Sans ouvrir les yeux, il fit :

– Hum !

– Ô *Dev-da* !

Cette fois Devdas se réveilla tout à fait et se frottant les yeux s'assit bien droit. Le visage de Parvoti n'était pas caché et la lampe brûlait avec éclat dans la chambre ; Devdas la reconnut aisément. Mais tout d'abord, il n'en crut pas ses yeux.

– Mais comment! C'est toi, Parou? finit-il par dire.

– Oui, c'est moi.

Devdas jeta un coup d'œil sur l'horloge. Son étonnement redoubla.

– À cette heure tardive de la nuit? demanda-t-il.

Parvoti ne fit aucune réponse. Elle resta assise, la tête baissée. De nouveau Devdas demanda:

– Es-tu venue ici toute seule si tard dans la nuit?

– Oui, répondit Parvoti.

Devdas fut accablé d'inquiétude et d'appréhension. D'un ton horrifié, il demanda:

– Tu n'as pas eu peur en chemin?

– Je n'ai jamais eu peur des revenants, répondit Parvoti avec un léger sourire.

– C'est bien que tu n'aies pas peur des revenants, mais tu devrais avoir peur des gens. Pourquoi es-tu venue?

Parvoti ne répondit pas. Mais elle se dit en elle-même: « À présent, je n'ai même pas peur des gens. »

– Comment as-tu pu entrer? Est-ce qu'on t'a vue?

– Le gardien m'a vue.

Devdas ouvrit les yeux tout grands et s'exclama:

– Le gardien t'a vue! Quelqu'un d'autre?

– Les domestiques sont couchés dans la cour; peut-être certains d'entre eux m'ont vue.

Devdas sauta de son lit et ferma la porte.

– Est-ce qu'on t'aurait reconnue?

Sans montrer la moindre inquiétude, Parvoti répondit calmement:

– Ils me connaissent tous de vue. Certains d'entre eux m'ont sans doute reconnue.

Devdas fut saisi d'une vive anxiété.

– Pourquoi as-tu agi ainsi, Parou ?

« Comment comprendrez-vous cela ? » se demanda Parvoti en elle-même. Mais sans prononcer un mot, elle resta assise, la tête baissée.

– Si tard la nuit ! Quelle honte ! Comment vas-tu faire face à tout le monde demain ?

– J'ai eu le courage de le faire, répondit Parvoti, tout en baissant la tête.

Devdas ne se mit pas en colère à cette réponse. Mais il dit d'un ton extrêmement inquiet :

– C'est scandaleux de ta part. Es-tu encore une enfant ? N'as-tu pas éprouvé la moindre honte pour venir ici de cette manière ?

– Aucune, répondit Parvoti.

– Ne mourras-tu pas de honte demain ?

À cette question, Parvoti lui lança un regard perçant mais triste et puis répondit sans hésitation :

– J'en aurais eu honte si je n'avais pas été sûre que vous feriez tout pour me protéger.

– Moi ! Mais n'aurai-je pas également honte ? s'écria Devdas, hébété de stupeur.

– Vous ? Mais comment cela peut-il vous toucher, *Dev-da* ? répliqua Parvoti d'un ton aussi inébranlable qu'auparavant.

Après une petite pause, elle reprit :

– Vous êtes un homme. Tout le monde va oublier votre scandale tôt ou tard ; dans quelques jours personne ne s'intéressera plus à se rappeler quand et à quelle heure de la nuit Parvoti, la pauvre malheureuse, est venue vous voir en faisant fi de toute honte afin de reposer sa tête sur vos pieds.

– Que dis-tu là, Parou ?

– Et moi ?

– Et toi ? dit Devdas comme envoûté.

– Vous parlez de mon scandale ? Je ne crois pas que ma conduite soit scandaleuse. Si le monde me calomnie à cause de cette visite secrète, cela n'aura aucun effet sur moi.

– Parou, tu pleures ?

– *Dev-da*, il y a tant d'eau dans la rivière. Ne sera-t-elle pas suffisante pour noyer ce scandale ?

– Parvoti ! s'exclama tout à coup Devdas en lui prenant les mains.

Posant sa tête sur les pieds de Devdas, elle dit d'une voix étouffée :

– Laissez-moi rester auprès de vous, ici, *Dev-da* !

Puis, tous les deux se turent. Des flots de larmes, coulant sur les pieds de Devdas, roulèrent sur le lit tout blanc.

Quelques minutes plus tard, Devdas releva le visage de Parvoti et dit :

– Parou, tu n'as pas d'autre choix que moi ?

Parvoti ne répondit rien. Elle demeura immobile, reposant sa tête sur les pieds de Devdas. Dans la chambre silencieuse, ses gros soupirs noyés de larmes s'élevaient sans cesse comme des vagues. Deux heures sonnèrent à l'horloge. Devdas appela :

– Parou !

– Quoi ? répondit Parvoti d'une voix émue.

– Mes parents sont tout à fait opposés à ce mariage. Tu l'as bien entendu dire, n'est-ce pas ?

Hochant la tête, Parvoti répondit que oui. Puis tous les deux restèrent silencieux. Après un long moment, Devdas poussa un gros soupir et demanda :

– Alors, pourquoi ?

Comme un homme qui, sur le point de se noyer, se cramponne aveuglément à une paille, ne voulant lâcher prise, Parvoti se tenait pareillement accrochée aux pieds de Devdas. Puis elle regarda Devdas en face et lui dit d'une voix implorante :

– Je ne veux rien savoir, *Dev-da*.

– Parou, veux-tu que j'agisse contre la volonté de mes parents ?

– Je n'y vois aucun mal. Faites-le.

– Alors, où iras-tu vivre ?

– À vos pieds, répondit Parvoti en pleurs.

De nouveau, ils se turent. L'horloge sonna quatre heures. C'était une nuit d'été. Comme le jour allait bientôt poindre, Devdas prit Parvoti par la main en lui disant :

– Allons, je vais te raccompagner chez toi.

– Vous irez avec moi ?

– Où est le mal ? Si on dit des calomnies, je les partage avec toi.

– Alors, allons-y.

Tous les deux quittèrent la chambre à pas feutrés.

7

Le lendemain Devdas eut un court entretien avec son père.

– Tu m'as harcelé toute ma vie et je serai harcelé ainsi, je crois, jusqu'au jour de ma mort, lui dit le père. Il n'y a rien d'étonnant à t'entendre tenir ces propos.

Penaud, la tête baissée, Devdas demeura silencieux.

– Je ne veux pas intervenir dans cette affaire, reprit le père. Vous pouvez décider tout ce que vous voulez, toi et ta mère ensemble.

– Ah! mon Dieu! il a fallu que je vive pour voir ce jour! gémit la mère de Devdas en entendant ces paroles.

Le jour même Devdas fit sa valise et repartit pour Kolkata.

Lorsque Parvoti apprit cette nouvelle, un sourire aussi dur que la pierre se dessina sur son visage déjà

devenu dur. Mais elle resta tout à fait silencieuse.
Personne ne savait ce qui s'était passé la nuit précédente et elle n'en parla pas. Mônôroma vint alors à sa
rencontre et lui demanda :

— Parou, on me dit que Devdas est reparti pour
Kolkata. Est-ce vrai ?

— Oui.

— Alors, qu'a-t-il décidé ?

Parvoti ignorait elle-même la réponse à cette question ; alors, que dire à une autre personne ? Ces derniers jours, elle n'avait pensé à rien d'autre. Mais elle
n'arrivait pas à décider si elle devait être optimiste ou
pessimiste. Il est vrai, pourtant, que dans de telles circonstances malheureuses, quand nous oscillons entre
espoir et désespoir, quand nous nous sentons totalement confus ou perdus, notre esprit faible a tendance
à pencher craintivement vers l'espoir. Il n'espère que
ce qui va lui apporter du bien. Bon gré mal gré, il souhaite ardemment fixer son regard vers le bien. Dans
son état actuel, Parvoti espérait contre l'espoir que
son escapade nocturne ne serait pas vaine. Elle pré-
féra ne pas songer à ce qu'elle ferait dans le cas
contraire. Elle avait donc cette espérance que son
Dev-dada reviendrait et que de nouveau, il l'appelle-
rait pour lui dire :

— Parou, tant que je respire, je ne supporterai pas
de voir que tu épouses quelqu'un d'autre.

Mais deux jours plus tard, elle reçut la lettre ci-
dessous :

Parvoti,

Je n'ai pensé qu'à vous pendant ces deux derniers jours. Ni mon père ni ma mère ne veulent que nous nous mariions. Si je me résous à vous rendre heureuse, je dois leur infliger un coup très dur, ce qui m'est impossible. D'ailleurs, comment pouvons-nous nous marier contre leur volonté ? Je crois que je ne vous écrirai plus jamais. Je dois donc tout vous dire dans cette lettre. Votre famille, comme vous le savez, n'est pas de haut rang. Ma mère refuse d'avoir une alliance avec une famille de commerçants et elle pense aussi que contracter une alliance avec une famille voisine n'est pas convenable. Quant à mon père… eh bien, vous le savez déjà.

L'histoire de cette nuit me peine et je ressens bien la vive douleur qui avait forcé une âme fière comme la vôtre à se lancer dans une telle aventure.

Autre chose : je ne pense pas que je vous ai jamais aimée passionnément ; et même aujourd'hui, je n'éprouve aucune douleur cuisante dans mon cœur pour vous. Ce qui m'attriste, c'est seulement le fait que vous allez souffrir à cause de moi. Essayez de m'oublier. J'espère que vous y parviendrez et je vous envoie mes bénédictions.

Devdas

Tant qu'il n'avait pas mis la lettre à la boîte, Devdas était dans une certaine disposition d'esprit.

Mais à partir du moment où elle quitta ses mains, il se trouva dans une disposition contraire. Une fois la flèche tirée de son arc, il suivait sa trajectoire fixement. Lentement mais sûrement une peur inexprimable envahissait son cœur. Il se disait : « Comment la flèche ira-t-elle la frapper ? Lui fera-t-elle beaucoup de mal ? Parou, allait-elle survivre ? » Comme il rentrait chez lui de la poste, il ne pensait qu'à la façon dont elle avait placé sa tête sur ses pieds et pleuré cette nuit-là. Avait-il bien agi envers Parvoti ? Par-dessus tout, il se demandait pourquoi ses parents s'opposaient à ce mariage lorsque Parvoti n'était pas responsable du statut inférieur de sa famille. Avec l'âge et les expériences de la vie qu'il avait acquises grâce à son séjour à Kolkata, Devdas commençait à se rendre compte qu'il n'était pas juste de détruire la vie d'une personne afin de préserver le prétendu statut social et de satisfaire un caprice mesquin. Si Parvoti se suicidait, si dans cette intention elle se précipitait vers la rivière pour apaiser le déchirement de son cœur, ne serait-il pas un criminel devant le Seigneur du monde ?

Devdas rentra chez lui. Il logeait alors dans une pension. Il avait quitté la maison de son oncle maternel il y avait bien longtemps, car cet hébergement ne lui convenait pas. Dans la pièce voisine de celle de Devdas, habitait, depuis les neuf dernières années, un jeune homme qui s'appelait Chounilal. Il séjournait là si longtemps seulement pour réussir sa licence. Mais n'ayant pas pu réussir cet examen même durant cette période si longue, il continuait à vivre dans cette pension. Selon son habitude, Chounilal était sorti faire sa promenade du soir et il ne reviendrait qu'au point du jour. Personne d'autre n'était encore rentré. La domestique entra pour allumer la lampe. Devdas verrouilla la porte et se coucha.

Peu après, les pensionnaires commencèrent à rentrer un à un. À l'heure du dîner, ils appelèrent Devdas mais ce dernier ne les rejoignit pas. Chounilal ne rentrait jamais le soir et cette fois-là non plus ne fit pas exception.

Il était une heure du matin passée. Devdas était la seule âme éveillée de la pension. Chounilal rentra, s'arrêta devant la porte de Devdas et vit que la lampe était encore allumée à l'intérieur, bien que la porte fût fermée.

– Hé! Devdas, êtes-vous éveillé? appela-t-il.

– Oui, répondit Devdas. Mais comment se fait-il que vous soyez si tôt de retour?

Chounilal sourit légèrement et répondit:

– En fait, je ne suis pas dans mon assiette aujourd'hui.

Il s'en alla mais revint un moment plus tard et dit:

– Devdas, pourriez-vous ouvrir la porte?

– Oui. Mais pourquoi?

– Avez-vous du tabac?

– Oui.

Devdas ouvrit la porte. Comme il remplissait son *houka* de tabac, Chounilal demanda:

– Devdas, pourquoi êtes-vous encore éveillé?

– Est-ce qu'on dort toutes les nuits sans exception ?

– Vous ne pouvez donc pas dormir ?

Puis il poursuivit sur un ton sarcastique :

– Moi qui croyais que les bons garçons comme vous n'avaient jamais vu minuit en face. C'est nouveau pour moi.

Devdas ne lui répondit pas. Tout en fumant à sa guise, Chounilal reprit :

– Devdas, depuis que vous êtes rentré de chez vous, vous ne semblez pas aller très bien. Vous avez l'air plutôt déprimé.

Indifférent, Devdas ne lui répondit rien.

– Vous n'êtes pas de bonne humeur, n'est-ce pas ?

Soudain Devdas se redressa sur son lit. Il regarda Chounilal avec empressement et demanda :

– Eh bien, Chouni *Babou*, vous n'avez aucun chagrin ?

– Aucun, s'esclaffa Chounilal.

– Vous n'avez jamais souffert de chagrin de toute votre vie ?

– Pourquoi demandez-vous ça ?

– Parce que j'ai envie de le savoir.

– Nous en reparlerons une autre fois.

– Dites-moi, Chouni, poursuivit Devdas, où passez-vous vos nuits ?

– Ne le savez-vous donc pas ? dit Chounilal avec un petit sourire.

– Oui, je m'en doute un peu mais je voudrais vous l'entendre dire.

Le visage de Chounilal s'éclaira. À cause de ses mauvaises habitudes qui duraient depuis des années, il avait même perdu le sens que de telles discussions contenaient un élément de honte. Comiquement, il ferma les yeux et dit :

– Devdas, si vous voulez le savoir, vous devez voir par vous-même. Viendrez-vous demain avec moi ?

Après un moment de réflexion Devdas répondit :

– J'ai entendu dire que le lieu que vous fréquentez est plein d'amusement et de plaisir. On y oublie toute souffrance. Est-ce la vérité ?

– C'est la vérité pure et simple.

– Si c'est le cas, alors laissez-moi vous accompagner.

Le jour suivant, peu avant la tombée de la nuit, Chounilal entra dans la chambre de Devdas. Celui-ci faisait fièvreusement sa valise.

– Mais qu'est-ce donc ? Vous ne venez pas ? lui demanda Chounilal, surpris.

Sans regarder autour de lui, Devdas répondit :

– Mais si.

– Alors, pourquoi faites-vous votre valise ?

– Je me prépare pour le départ.

Chounilal lui adressa un léger sourire et pensa : « Pas mal, comme préparatifs ! » Il lui demanda ensuite :

– Avez-vous l'intention d'emporter tout ce que vous possédez ?

– Mais où laisserai-je tout cela ?

Chounilal n'arrivait pas à comprendre.

– Mais où est-ce que je laisse mes affaires, moi?
reprit-il. Tout reste ici, dans ma chambre, n'est-ce
pas?

Brusquement Devdas sembla sortir d'un rêve.

– Mais non, Chouni *Babou*, je rentre chez moi
aujourd'hui, répondit-il en levant les yeux d'un air
honteux.

– Quoi! vous rentrez chez vous! Quand serez-vous
de retour?

– Je ne reviendrai plus, dit Devdas en hochant la
tête.

Chounilal tombait des nues. Il regarda Devdas
dans les yeux.

– Prenez cet argent, continua Devdas. Payez toutes
mes dettes. N'hésitez pas à partager le reste entre les
domestiques de cette pension. Je ne reviendrai plus
jamais à Kolkata.

Puis il ajouta en marmonnant:

– J'ai beaucoup beaucoup perdu en venant à
Kolkata.

Aujourd'hui il voyait clair à travers le brouillard
qui avait voilé ses yeux lors de la première arrivée de
sa jeunesse. Il se tourna vers le passé, vers son adolescence; soudain cette perle piétinée de son adolescence insouciante et turbulente lui parut maintenant
comme plus précieuse et plus attrayante que tous les
plaisirs ciselés de Kolkata. Regardant Chounilal en
face, il dit:

– Chouni, éducation, intelligence, érudition,
connaissance – tout ce que l'homme accomplit dans

la vie n'a d'autre but que celui d'être heureux ; de n'importe quelle manière que vous les voyez, elles ne visent qu'à augmenter votre propre bonheur.

Chounilal l'arrêta et s'exclama :

— Vous n'allez donc pas continuer vos études ?

— Non, j'ai beaucoup perdu à cause de mes études. Si j'avais su que j'apprendrais si peu en échange de tant, je ne serais jamais venu à Kolkata.

— Mais que se passe-t-il ?

Devdas passa quelques minutes à réfléchir. Puis il répondit :

— Je vous dirai tout si nous nous rencontrons une fois de plus.

Il était alors presque neuf heures du soir. D'un air ébahi, tous les pensionnaires, y compris Chounilal, regardaient Devdas charger la voiture à cheval de tous ses biens et quitter la pension pour de bon. Après le départ de Devdas, Chounilal rentra dans sa chambre et s'adressant aux autres pensionnaires, il s'écria avec colère :

— Impossible de connaître ce type de gens énigmatiques.

8

C'est bien l'habitude des gens avertis et circonspects
de ne pas donner en toute hâte leur avis ferme sur les
vertus et les vices d'un produit, de ne pas tirer de
conclusions hâtives sans considérer toutes les implica-
tions d'une affaire. Mais il existe également une autre
catégorie de gens qui sont diamétralement opposés à
ceux-ci. Ils n'ont pas la patience de réfléchir longtemps
sur quoi que ce soit ou de suivre une idée jusqu'à sa
conclusion logique. Sous l'impulsion du moment, ils
décident qu'une chose est bonne ou mauvaise. Ils
dépendent de leur foi qui leur permet d'accomplir leur
travail. Ce n'est pas que ces gens-ci soient inadaptés au
monde ; bien au contraire, ils se montrent capables
d'exploiter ce monde mieux que les autres. Si la chance
leur sourit, on les trouve au sommet de leur succès.
Mais dans le cas contraire, ils se vautrent pour toujours
dans l'obscur abîme de la déchéance ; ils ne peuvent
plus se relever, s'élever au-dessus des circonstances et se

tourner vers la lumière. Ils restent là comme des objets immobiles, inanimés et dépourvus de vie. Devdas appartenait à la deuxième catégorie.

Le lendemain matin, il était de retour à la maison. Surprise de le voir, sa mère lui demanda :

– *Deva*, est-ce que le collège a de nouveau fermé ?

Lui lançant un « hum » distrait, Devdas s'éloigna rapidement. Quand son père lui posa la même question, il l'esquiva pareillement. Perplexe, le père questionna sa femme à ce sujet. Elle se servit de son bon sens pour répondre :

– On a dû fermer le collège de nouveau à cause de la chaleur.

Devdas passa les deux jours suivants dans une agitation frustrée. En effet, il n'arrivait pas à obtenir ce qu'il voulait : être seul avec Parvoti. Deux jours plus tard, la mère de Parvoti croisa Devdas et lui dit :

– Maintenant que tu es de retour, mon enfant, reste ici jusqu'au mariage de Parou.

– Entendu, acquiesça Devdas.

Tous les après-midi, après le déjeuner, Parvoti allait à l'étang chercher de l'eau. Ce jour-là aussi elle y était allée, le pot en cuivre posé sur sa hanche. Elle trouva Devdas assis sous un arbre de baies à proximité, une canne à pêche à la main.

Pendant un petit moment Parvoti pensa à repartir. Peu de temps après, elle décida de remplir son pot et de disparaître sans bruit. Mais comme elle avait les nerfs tendus, elle ne put accomplir vite ni l'un ni l'autre. Elle fit sans doute un peu de bruit lorsqu'elle

posa son pot sur les marches en pierre. Aussitôt
Devdas leva les yeux et la regarda. Puis, d'un signe de
main, il l'appela :

– Parou, viens ici.

Lentement Parvoti s'approcha de lui et se mit
debout à côté de lui. Devdas leva seulement une fois
les yeux, puis il resta muet un long moment fixant de
son regard vide l'eau tranquille de l'étang.

– *Dev-da,* est-ce que vous voulez me dire quelque
chose? demanda alors Parvoti.

Sans regarder autour de lui, Devdas dit :

– Hum, assieds-toi.

Parvoti ne s'assit pas. Elle resta debout, les yeux
baissés. Comme aucun mot ne fut échangé pendant
quelques instants, Parvoti commença à retourner pas
à pas vers les marches. Devdas leva une fois les yeux,
puis fixant l'eau, il dit :

– Écoute-moi.

Parvoti revint auprès de lui. Mais même alors
Devdas ne put se résoudre à lui parler. Aussi, Parvoti
rebroussa-t-elle chemin. Devdas resta assis là, pétrifié.
Un peu plus tard, il se retourna et vit Parvoti prête à
partir, son pot ayant été rempli. Il enroula le fil de sa
canne à pêche, vint sur les marches et dit à Parvoti :

– Je suis de retour.

Parvoti déposa simplement le pot par terre mais
ne parla pas.

– Je suis de retour, Parou !

Parvoti demeura quelque temps silencieuse. Puis
elle demanda doucement :

– Pourquoi?

–Tu m'avais demandé de revenir, ne t'en souviens-tu pas?

– Non.

– Mais comment, Parou? Ne te souviens-tu pas de cette nuit-là?

– Oh si, je m'en souviens. Mais à quoi bon parler de cela maintenant?

Sa voix était calme, mais son ton acerbe. Le sens de son expression échappa à Devdas.

– Pardonne-moi, Parou, dit-il. Je n'avais pas compris à ce moment-là.

– Oh! taisez-vous. Je ne veux même pas vous écouter.

– J'amènerai mes parents coûte que coûte à donner leur accord pour notre mariage. Si seulement toi...

Parvoti lui lança un regard furieux et riposta:

– Vous avez des parents, et moi, n'en ai-je pas? Leur consentement n'est-il pas nécessaire?

– Oui, bien sûr, Parou, répondit Devdas décontenancé, mais ils n'ont certainement pas d'objection, c'est seulement toi...

– Comment savez-vous qu'ils n'ont pas d'objection? Ils sont tout à fait contre ce mariage.

Devdas esquissa avec difficulté un sourire:

– Oh! non, Parou, ils n'ont pas un iota d'objection, je le sais. Ce n'est que toi qui dois...

Parvoti l'interrompit dans ses paroles d'une voix aiguë:

– Je dois seulement... avec vous ? C'est une honte !
Aussitôt Devdas s'enflamma de colère. D'un ton
caustique, il demanda :

– Parou, m'aurais-tu oublié ?

D'abord perplexe, Parvoti reprit immédiatement
d'un ton calme mais froid :

– Non, comment pourrais-je vous oublier ? Je vous
connais depuis mon enfance... et depuis ce temps-là,
tous mes souvenirs sont pleins de crainte. Seriez-vous
venu me menacer de nouveau ? Ne me connaissez-
vous donc pas ?

Ces paroles prononcées, elle leva les yeux coura-
geusement et se tint toute droite.

Interloqué, Devdas se tut tout d'abord. Puis il lui
demanda :

– Tu avais toujours peur de moi, et rien de plus ?

– Oui, et rien de plus, dit Parvoti d'un ton ferme.

– Dis-tu la vérité ?

– Oui, je vous dis la vérité et la vérité seule. Je n'ai
aucune confiance en vous. L'homme que j'épouse est
riche et prudent... calme et patient. D'ailleurs, il est
pieux. Mes parents souhaitent le meilleur pour moi.
Ils ne souhaiteraient pas voir leur fille se marier avec
quelqu'un d'aussi ignorant, inconstant et irrespon-
sable que vous. Maintenant, laissez-moi partir.

Devdas hésita une fraction de seconde ; il fut
même un instant sur le point de la laisser s'en aller.
Mais l'instant d'après, il tint bon, les jambes bien
plantées sur le sol et répliqua :

– Quelle arrogance !

– Et pourquoi pas ? riposta Parvoti. Si vous pouvez être arrogant, je peux l'être, moi aussi. Vous pouvez être beau, mais vous n'avez pas de vertus. Je possède les deux : beauté et vertu. Votre famille est fortunée, sans doute, mais mon père n'est pas un mendiant non plus. D'ailleurs, dans quelques jours, je serai plus riche que vous, ne l'oubliez pas.

Devdas resta muet de stupeur.

– Vous cherchez à me nuire, continua Parvoti. C'est certain que vous pouvez me faire du mal, beaucoup de mal, je le sais bien. Bonne idée ! Allez-y. Mais laissez-moi partir maintenant.

Devdas demeura abasourdi.

– Comment pourrais-je te nuire ? demanda-t-il après une pause.

– En me calomniant, rétorqua Parvoti. Allez-y, vous pouvez toujours essayer !

Frappé de stupeur, Devdas regardait Parvoti droit dans les yeux. Tout ce qu'il réussit à lui dire fut ceci :

– Penses-tu que j'ai l'intention de traîner ton nom dans la boue ?

Parvoti sourit amèrement du coin des lèvres avant de lancer :

– Allez-y. Allez dire au dernier moment des calomnies à propos de moi. Divulguez au grand public que je suis allée chez vous toute seule ce soir-là. Je suis sûre que vous en tirerez une grande satisfaction.

Ses lèvres arrogantes et furieuses frémissaient de douleur.

Devdas ressentit alors un volcan de colère et d'humiliation exploser au dedans de lui. Il marmotta :

– Tu penses donc que je te calomnierai et que j'en trouverai du plaisir ?

Quelques instants plus tard, saisissant avec force sa canne à pêche, il dit d'une voix effrayante :

– Écoute Parou, il n'est pas bon de posséder tant de beauté. Cela ne te rend que plus orgueilleuse.

Il baissa la voix et continua :

– Ne vois-tu pas que ce sont les taches de la lune qui la rendent si belle ! Les abeilles noires se reposent sur le lotus parce qu'il est tout blanc. Approche, que je salisse ton visage et gâche sa perfection.

Devdas était à bout de patience. Tenant fermement sa canne à pêche, il en frappa Parvoti au front ; et immédiatement son visage se couvrit de sang. Une entaille apparut qui allait de la ligne de cheveux jusqu'au sourcil gauche. Parvoti tomba par terre en s'écriant :

– *Dev-da*, comment avez-vous pu faire ça ?

Devdas brisa sa canne en menus morceaux et, tout en les jetant dans l'eau, dit d'un air calme :

– Ce n'est pas grave, juste une entaille.

– Oh, mon Dieu, *Dev-da* ! gémit Parvoti d'une voix plaintive.

Devdas arracha de sa chemise de coton fin des morceaux et les laissa tremper dans l'eau. Il en fit un pansement qu'il appliqua sur le front de Parvoti en disant :

– Pourquoi as-tu peur, Parou? Cette plaie va guérir bientôt; seule une cicatrice restera. Si jamais quelqu'un te pose des questions à ce sujet, tu lui mentiras;
sinon, dis la vérité et révèle toi-même ta visite nocturne dans ma chambre, une certaine nuit.

– Oh non! Oh Dieu…

– Parou, sois calme. Je n'ai laissé qu'une petite
marque pour que tu te souviennes de notre dernier
rendez-vous. De temps en temps, tu regarderas ton
visage lunaire dans le miroir, n'est-ce pas?

Il semblait être prêt à partir, sans plus attendre de
réponse.

Parvoti se mit à pleurer misérablement:

– Oh! *Dev-da…*

Devdas s'approcha d'elle. Au coin de ses yeux per-
lait une larme. D'une voix étranglée par une profonde
tendresse, il demanda:

– Quoi, Parou?

– N'en parlez à personne, s'il vous plaît.

Aussitôt Devdas se pencha sur elle et de ses lèvres
effleura les cheveux de Parvoti.

– Comment puis-je en parler? dit-il. M'es-tu étrangère, Parou? Ne te souviens-tu pas combien de fois
dans notre enfance je t'ai battue quand tu me faisais
des farces?

– *Dev-da*, veuillez me pardonner.

–Tu ne dois même pas me le demander, ma sœur.
Est-ce vrai, Parou, que tu m'as tout à fait oublié?
Quand me suis-je fâché contre toi? Quand ne t'ai-je
pas pardonné?

– *Dev-dada…*

– Parou, tu le sais bien, je ne suis pas bon avec les mots. Et puis, je ne réfléchis pas bien avant d'agir. En fait, j'agis d'abord et je réfléchis après.

Après ces paroles, Devdas plaça sa main sur la tête de Parvoti et la bénit en ces termes :

– Tu as choisi très sagement. Peut-être n'aurais-tu pas été heureuse avec moi. Mais si tu avais accepté ton *Dev-da*, il aurait vécu dans un éternel paradis de félicité.

Ils entendirent alors des voix provenant de l'autre côté de l'étang. Lentement Parvoti se dirigea vers les marches et descendit dans l'eau. À pas lents, s'éloigna Devdas.

C'était presque le soir lorsque Parvoti rentra à la maison. Sa grand-mère lui demanda sans même lever les yeux :

– Parou, mon enfant, as-tu retourné d'abord tout l'étang et puis apporté de l'eau ?

Mais ses paroles moururent sur ses lèvres. Dès qu'elle vit le visage de Parvoti, elle poussa un cri angoissé :

– Oh ! mon Dieu ! Mais que t'est-il arrivé ?

La plaie saignait encore et par endroits, son *sari* était rouge de sang. Le grand-mère dit en pleurs :

– Oh Dieu ! Parou, tu vas te marier bientôt !

Parvoti déposa tranquillement le pot. En entendant des éclats de voix, sa mère accourut.

– Oh ! là, là ! Comment ce malheur est-il arrivé, Parou ? s'exclama-t-elle.

– J'ai glissé sur les marches. Je me suis coupé le front en me heurtant contre les briques, répondit Parvoti très calmement.

Tout le monde s'affaira alors pour la soigner. Devdas avait raison : l'entaille n'était pas profonde. Quatre ou cinq jours plus tard, la plaie avait commencé à se fermer.

Dix jours passèrent. Puis, un soir, le *zamindar* du village Hatipôta, Srijut Bhouban Mohan Chowdhury arriva chez Monsieur Chakrabôrty, revêtu de ses plus beaux habits de marié. La cérémonie du mariage eut lieu sans faste, ni apparat. Bhouban *Babou* était un homme sensé – il n'avait pas voulu se donner en spectacle à l'occasion de son remariage.

Le marié n'avait pas moins de quarante ans mais sûrement un peu plus : grassouillet et trapu, le teint clair, une moustache poivre et sel, le crâne quelque peu dégarni. En l'apercevant, certains émirent quelques rires discrets, tandis que d'autres se turent. D'un air plutôt contrit, Bhouban *Babou* prit place dans un coin de la cour spécialement amenagé. Les femmes s'abstinrent de leurs taquineries énervantes, le visage grave et sage du marié n'étant pas exactement favorable à l'hilarité. Lorsque le moment vint pour les deux époux d'échanger leur premier regard, Parvoti dévisagea Bhouban *Babou.* Un léger sourire errait sur ses lèvres. Bhouban *Babou* baissa les yeux avec une modestie évidente. Les femmes du quartier éclatèrent de rire.

Monsieur Chakrabôrty, le père de Parvoti, courait çà et là surveillant tous les arrangements. Il n'était pas dans son élément avec ce gendre entre deux âges qu'il venait d'acquérir. Narayan *Mukhujjyé*, le père de Devdas, jouait le rôle d'hôte ce jour-là. En homme expérimenté, il ne laissa aucun accroc se glisser dans le déroulement de la cérémonie du début jusqu'à la fin. L'heureux événement se conclut dans la paix et l'harmonie.

Le lendemain matin, Monsieur Chowdhury, le gendre, offrit à Parvoti un coffret contenant des bijoux précieux. Bientôt ces bijoux se mirent à étinceler sur tout le corps de Parvoti. Ce spectacle fit verser des larmes de joie à la mère de Parvoti qui les essuyait silencieusement du bout de son *sari*. La mère de Devdas était debout à proximité ; elle la gronda affectueusement :

— Ne gâchez pas ce beau jour en versant des larmes, sœur !

Un peu avant le soir Mônôroma prit Parvoti à l'écart dans une chambre et la bénit en disant :

— Tout est pour le mieux. À partir de maintenant, tu verras qu'à l'avenir tu seras vraiment heureuse.

Parvoti sourit légèrement et dit :

— Bien sûr, je serai heureuse. J'ai fait connaissance de ma ruine seulement hier en quelques moments.

— Que dis-tu là ?

— Le temps révélera tout.

Mônôroma changea de sujet.

— J'ai envie d'appeler Devdas pour qu'il vienne une fois ici contempler cette vision dorée !

Parvoti sembla s'éveiller d'une trance.

– Peux-tu l'appeler? demanda-t-elle. Est-ce possible de le faire venir seulement une fois ici?

Le ton de sa voix consterna Mônôroma :

– Pourquoi, Parou?

Parvoti joua avec ses bracelets et dit de façon distraite :

– Je voudrais toucher ses pieds pour la dernière fois avant de partir.

Mônôroma l'embrassa affectueusement et toutes les deux pleurèrent à chaudes larmes. Il faisait noir. La chambre était obscure. La grand-mère poussa la porte et dit :

– Ô Parou, ô Môno, sortez !

Cette nuit-là, Parvoti partit pour la maison de son mari.

9

Et Devdas ? Il passa cette nuit-là assis sur un banc de l'Eden Gardens à Kolkata. Il n'était pas dans un état de tristesse profonde, ni n'éprouvait un déchirement terrible au cœur, mais une sorte de vague indifférence commençait à s'accumuler dans sa poitrine. Si quelqu'un succombe pendant le sommeil à une paralysie d'un membre de son corps, et au réveil, s'il ne retrouve pas l'usage de ce membre, son esprit perplexe et hébété ne peut pas comprendre pourquoi son propre membre, son fidèle compagnon de toujours, ne lui répond plus ; puis, petit à petit, cette conscience lui vient à l'esprit que ce membre paralysé ne lui appartient plus. Pareillement, pendant toute la nuit, Devdas prenait petit à petit conscience du fait que le sens même de sa vie était brusquement paralysé et qu'il se trouvait séparé à jamais de cette vie. Ce sens ne reviendrait plus jamais même s'il fulminait contre la vie. Il aurait tort

s'il considérait ce sens comme son droit légitime
qu'il possédait auparavant.

Le soleil se levait alors. Devdas se mit debout et se
demanda : « Où aller ? »

Tout d'un coup, il se souvint de sa pension.
Chounilal devait encore y habiter. Devdas commença
à marcher. Il marchait en titubant. En route, il trébu-
cha et tomba deux fois. Ses orteils saignaient ; il faillit
tomber une fois sur un piéton qui le repoussa en le
prenant pour un ivrogne. Errant ainsi toute la journée, il arriva finalement vers le soir à la porte de la
pension où il demeurait auparavant. Chouni *Babou*,
bien habillé, était alors sur le point de sortir. Apercevant quelqu'un à l'entrée de la pension, Chounilal
s'écria :

– Hé, c'est vous, Devdas, n'est-ce pas ?

Devdas, silencieux, le regarda droit dans les yeux.

– Depuis quand êtes-vous de retour ? Vous avez
l'air épuisé. N'avez-vous pas pris votre bain et votre
repas ? – Hé, hé... tenez-vous...

Devdas fut pris de vertige. Il allait même s'asseoir
sur le trottoir quand Chounilal le prit par la main et
l'entraîna à l'intérieur. Il l'assit sur son propre lit, le
calma un peu et lui demanda :

– Qu'est-ce que vous avez, Devdas ?

– Je suis revenu hier.

– Hier ? Alors, où étiez-vous toute la journée ? Et la
nuit, où l'avez-vous passée ?

– À Eden Gardens.

– Êtes-vous fou ? Dites-moi ce qui s'est passé ?

– À quoi bon?

– D'accord, gardez-le pour vous, mais vous devez vous alimenter. Où sont vos bagages?

– Je n'en ai pas.

– Ah, bon! Maintenant asseyez-vous pour manger.

Alors Chounilal le força à manger un peu. Ensuite, il lui ordonna de se coucher dans son lit. Puis, comme il sortait en fermant la porte, il dit:

– Essayez de dormir un peu, je vous réveillerai à mon retour.

Chounilal sortit. Il revint vers dix heures du soir et trouva Devdas profondément endormi. Sans le perturber, il prit une couverture, l'étendit sur une natte par terre et se coucha. Devdas ne se réveilla pas de toute la nuit. Il se leva vers dix heures du matin et demanda à Chounilal:

– Chouni, quand êtes-vous rentré?

– Je viens de rentrer.

– Bon, est-ce que je vous ai causé quelque inconvénient?

– Aucun.

Devdas planta son regard sur Chounilal pendant quelque temps et puis dit:

– Chouni *Babou*, je ne possède rien. Pourriez-vous me prendre en charge?

Chounilal savait que le père de Devdas était un homme très riche. Il reprit donc avec un bon rire franc:

– Moi, me charger de vous? Bonne idée! Mais vous pouvez rester ici aussi longtemps que vous voulez, ne vous inquiétez pas.

– Chouni *Babou*, quels sont vos revenus ?

– Frère, j'ai des revenus modestes qui proviennent de biens immobiliers dans mon village. Mon frère aîné s'en occupe et il m'envoie soixante-dix roupies tous les mois. Ceci devrait suffire, je crois, pour nous deux.

– Pourquoi ne rentrez-vous jamais chez vous ?

– C'est une longue histoire, répondit Chounilal en détournant un peu son visage.

Devdas n'insista pas. Quelque temps plus tard, on les appela pour prendre leur déjeuner. Ils retournèrent à la chambre après avoir pris leur bain et leur repas.

– Devdas, vous êtes-vous disputé avec votre père ? demanda alors Chounilal.

– Non.

– Avec quelqu'un d'autre ?

– Non, répondit Devdas de la même manière.

Soudain Chounilal se rappela :

– Oh ! c'est vrai que vous n'êtes pas encore marié !

Devdas se mit alors au lit. Quelques minutes plus tard, Chounilal s'aperçut que Devdas était profondément endormi. Il passa deux autres jours à dormir. Le matin du troisième jour, il se leva se sentant bien rétabli. L'empreinte épaisse de mélancolie semblait s'estomper de son visage.

– Comment vous portez-vous aujourd'hui ? lui demanda Chounilal.

– Beaucoup mieux, je pense. Alors, dites-moi Chouni *Babou*, où passez-vous vos nuits ?

Aujourd'hui Chounilal eut la bonne grâce de se sentir embarrassé.

– Euh, bien, voilà, répondit-il, je vais certes à... mais pourquoi ce propos? Alors vous, dites-moi, pourquoi n'allez-vous plus au collège?

– J'ai abandonné mes études.

– Oh, non! Comment avez-vous pu? L'examen est à deux mois d'ici et vous avez pas mal étudié. Pourquoi ne vous présentez-vous pas à l'examen cette fois-ci?

– Non, j'ai laissé tomber mes études.

Chounilal se tut. Devdas lui demanda de nouveau:

– Où allez-vous? Vous ne voulez pas me le dire? Moi, j'irai avec vous.

– Vous savez, Devdas, le lieu que je fréquente n'est pas un bon endroit, répondit Chounilal en regardant fixement Devdas.

Devdas sembla marmonner dans sa barbe: « Bon ou mauvais, qu'importe! »

– Chouni *Babou*, ne voulez-vous pas que je vous accompagne? dit-il à voix haute.

– Je veux bien. Mais il vaudrait mieux que vous ne veniez pas.

– Non, je veux venir; si ça ne me plaît pas, je n'y retournerai pas. Cet endroit semble posséder quelque chose qui vous fait attendre la journée avec joie. Quoi qu'il en soit, Chouni *Babou*, je viens avec vous.

Chounilal, détournant le visage, sourit intérieurement. Il se dit en lui-même: « Il va s'enfoncer dans le même état déplorable que moi! »

– D'accord, accompagnez-moi ce soir, déclara-t-il.

Dans l'après-midi, Dharmadas arriva à la pension avec les bagages de Devdas. Il éclata en sanglots en le voyant :

– *Dev-da,* votre mère pleure toutes les larmes de son corps depuis ces derniers trois ou quatre jours.

– Pourquoi ?

– Pourquoi avez-vous quitté la maison sans rien dire ?

Dharmadas prit alors une lettre cachée dans les plis de son *tchador* et la lui tendit :

– C'est une lettre de votre mère.

Chounilal observait curieusement la scène, espérant apprendre quelque chose de la situation de Devdas. Devdas lut la lettre et la mit à côté ; sa mère lui demandait de revenir. Elle était la seule dans la famille à avoir deviné dans une certaine mesure la raison de la brusque disparition de son fils. Elle lui avait même envoyé de l'argent en cachette par l'intermédiaire de Dharmadas. Celui-ci tendit cet argent à Devdas en disant :

– *Dev-da,* revenez s'il vous plaît à la maison.

– Non. Tu rentres, toi.

Ce soir-là, les deux amis revêtirent leurs plus beaux habits et sortirent ensemble. Devdas n'avait pas tellement envie de s'habiller bien ; mais Chounilal refusa de sortir en tenue négligée. À neuf heures du soir, une calèche louée s'arrêta devant une maison à deux étages à Chitpur. Chounilal prit Devdas par la main et y entra.

La propriétaire de cette maison s'appelait Chandramoukhi ; elle vint les accueillir. Tout le corps de

Devdas alors se mit à brûler. Il ne savait pas lui-même
que depuis ces derniers jours, il devenait, à son insu,
dégoûté de l'ombre même du corps féminin. En apercevant Chandramoukhi, une haine profonde s'alluma
telle une déflagration dans sa poitrine. Il fixa son
regard sur Chounilal en fronçant les sourcils et lâcha :
– Chouni *Babou*, dans quel lieu maudit m'avez-
vous amené ?

Chandramoukhi et Chounilal ensemble furent
ahuris par le ton mordant de sa voix et la dureté de
son regard. Mais Chounilal se reprit vite et, prenant
Devdas par la main, lui dit doucement :
– Venez. Allons-nous asseoir à l'intérieur.

Devdas ne protesta plus. Il entra dans une chambre et s'assit, le visage sombre et baissé, sur un lit
étendu par terre. Chandramoukhi, elle aussi, s'assit en
silence dans un coin. La domestique apporta un
houka, ciselé d'argent, après l'avoir garni de tabac.
Devdas ne le toucha même pas. D'un air boudeur,
Chounilal resta assis silencieusement dans un autre
coin de la pièce. La domestique ne sachant que faire
déposa le *houka* finalement dans la main de Chandramoukhi et sortit. À peine eut-elle tiré quelques bouf-
fées de son *houka* que Devdas lui jeta un regard
perçant et lança d'un ton haineux :
– Quelle vulgarité ! Quelle laideur !

Jusqu'à ce soir-là, personne n'avait jamais réussi à
faire perdre la parole à Chandramoukhi. C'était
presque impossible de la prendre au dépourvu. Mais
cette exclamation tranchante et directe de Devdas

exprimant son aversion sincère la piqua au vif. Pendant quelques instants, elle en demeura complètement abasourdie. Le *houka* continuait à faire du bruit mais Chandramoukhi n'exhalait pas de fumée. Elle remit alors le *houka* à Chounilal, jeta un regard sur Devdas et resta là, silencieuse. Tous les trois étaient muets. Seul le *houka* faisait des glouglous, mais le son même était hésitant. C'était comme un silence soudain qui tombe après une dispute bruyante entre amis où chacun commence à retourner le sujet dans sa tête en s'offensant et en se disant : « Alors, comment cela s'est-il produit ? » Les trois personnes en l'occurrence se disaient de la même manière : « Alors, comment cela est-il arrivé ? »

De toute façon, personne n'était à l'aise. Chounilal mit le *houka* de côté et redescendit, probablement par désœuvrement. Les deux autres restèrent assis dans la chambre.

– Est-ce que vous acceptez de l'argent ? demanda Devdas en levant les yeux.

Chandramoukhi ne sut que répondre. Elle avait alors vingt-quatre ans. Durant les dix dernières années, elle avait fait la connaissance intime de plusieurs personnes ayant des natures très différentes ; mais elle n'avait jamais encore rencontré un homme aussi étrange que celui-ci. Après quelques moments d'hésitation, elle répondit :

– Puisque vous avez daigné visiter…

Devdas l'interrompit :

– Il ne s'agit pas d'« avoir daigné visiter » ; acceptez-vous de l'argent ? Oui ou non ?

– Bien sûr, j'accepte. Sinon, comment pourrions-nous survivre ?

– Bien. Je ne vous demande pas d'explications.

Il extirpa de sa poche un billet de banque, le mit dans le creux de la main de Chandramoukhi et fut sur le point de partir, sans même regarder combien d'argent il lui avait donné.

Avec beaucoup d'humilité, Chandramoukhi demanda :

– Est-ce que vous partez déjà ?

Devdas ne fit aucune réponse ; il quitta la pièce et resta debout dans le couloir.

Chandramoukhi eut presque envie de lui rendre son argent. Mais elle ne put le faire ayant été envahie par un fort sentiment de gêne. Peut-être était-elle aussi un peu effrayée. D'ailleurs, les femmes de son métier étaient habituées à supporter quantité d'humiliations, d'indignités et d'injures ; elle resta donc debout, immobile et silencieuse au seuil de la porte. Devdas descendit l'escalier.

Dans l'escalier, il croisa Chounilal. Étonné, ce dernier lui demanda :

– Où allez-vous, Devdas ?

– À la pension.

– Hé, pourquoi ?

Devdas descendit deux ou trois marches de plus.

– Alors, moi aussi, ajouta Chounilal.

Devdas s'approcha de lui, le prit par la main et lui dit :

– Allons-y.

– Attendez une minute. Je monte à l'étage et je reviens dans un moment.

– Alors, je pars. Rejoignez-moi plus tard.

Devdas disparut.

Chounilal monta au premier étage et trouva Chandramoukhi toujours debout au seuil de la porte, immobile comme auparavant. En le voyant, elle demanda :

– Votre ami, est-il reparti ?

– Oui.

Chandramoukhi lui montra le billet en disant :

– Regardez ce billet. Si vous le jugez bon, vous pouvez le reprendre et le rendre à votre ami.

– S'il vous l'a donné de sa propre volonté, alors pourquoi le lui rendrais-je ? dit Chounilal.

Chandramoukhi esquissa alors un sourire, mais c'était un sourire sans joie.

– Pas de sa propre volonté, dit-elle. Comme nous acceptons de l'argent, il me l'a donné, mais avec un énorme dégoût. Chouni *Babou,* serait-il fou ?

– Pas du tout. Je crois que depuis quelques jours, il est un peu bouleversé.

– Pourquoi ? Le savez-vous ?

– Non, peut-être s'agit-il de sa maison.

– Alors pourquoi l'avez-vous amené ici ?

– Je n'ai pas voulu l'amener. Il a lui-même insisté pour venir.

Chandramoukhi fut alors vraiment étonnée.

– Il a lui-même insisté pour venir, demanda-t-elle, sachant de quoi il s'agissait ?

Chounilal réfléchit un instant et dit :
– Bien sûr, il savait tout. Je ne l'ai pas cajolé pour qu'il vienne ici.
Chandramoukhi s'absorba dans ses pensées pendant quelques moments.
– Chouni, pourriez-vous m'accorder une faveur ? demanda-t-elle.
– Laquelle ?
– Auriez-vous l'obligeance de l'amener ici une autre fois ?
– Je ne sais pas. Il n'est jamais venu avant dans ces lieux et je pense qu'il ne reviendra plus jamais à l'avenir. Mais pourquoi ce souhait ?
Chandramoukhi ébaucha un tiède sourire et reprit :
– Chouni, veuillez l'amener ici une fois encore en le cajolant s'il le faut.
Chouni sourit. Il lui fit un clin d'œil en disant :
– Éprouvez-vous de l'amour envers lui malgré sa haine pour vous ?
Chandramoukhi sourit également et dit :
– Ne comprenez-vous pas ? Il donne de l'argent sans compter !
Chouni connaissait bien Chandramoukhi. Aussi ne prit-il pas ses paroles à la légère. Il hocha la tête en disant :
– Oh, non ! Vous n'êtes pas de ce type de personnes qui ne pensent qu'à l'argent. Mais dites-moi la vérité.
– J'éprouve sincèrement un peu d'attrait pour lui, dit-elle.

Chouni ne la crut pas.

– Comme ça, en cinq minutes? dit-il en riant.

Cette fois-ci, Chandramoukhi partagea son rire.

– Quoi qu'il en soit, ramenez-le quand il sera en forme, je voudrais le revoir. D'accord?

– Je ne peux pas vous le promettre.

– De ma part, s'il vous plaît.

– Bon, j'essaierai.

10

Parvoti arriva à la maison de son époux; c'était une maison immense, non pas de « style colonial » comme c'était la mode à l'époque, mais ancienne et démodée. La cour extérieure, les chambres intérieures, la salle consacrée au *puja*, l'auditorium pour les concerts musicaux, les pièces d'accueil, les locaux du bureau, la salle de rangement et une armée de domestiques : Parvoti les regardait émerveillée. Elle avait entendu dire que son mari était un riche *zamindar* mais elle n'avait pas soupçonné une telle richesse ! Seuls les membres de la famille manquaient. L'immense cour intérieure retentissait de silence. À l'exception d'une vieille tante qui accueillit la jeune mariée à l'intérieur de la maison, il n'y avait que la foule des domestiques. Bien que jeune mariée, on proclama Parvoti maîtresse de la maison.

Juste avant la tombée de la nuit, un charmant jeune homme, âgé de vingt ans, la rejoignit et lui tou-

cha les pieds pour lui présenter ses respects. Debout
devant elle, il lui dit :

– Mère, je suis votre fils aîné.

Parvoti lui jeta un coup d'œil à travers son voile
mais demeura silencieuse. Ce jeune homme la salua
de nouveau et répéta :

– Mère, je suis votre fils aîné, accordez-moi vos
bénédictions.

Alors Parvoti souleva son long voile jusqu'au front.

– Venez, mon fils, asseyez-vous, dit-elle doucement.

Le jeune homme s'appelait Môhendra. Pendant
quelques moments, il la regarda bouche bée ; puis il
dit à voix basse :

– Nous avons perdu notre mère, il y a deux ans.
Ces deux années ont été très difficiles. Maintenant
que vous êtes venue… veuillez nous bénir, Mère, afin
que nous soyons heureux à nouveau.

Parvoti se mit à parler sans aucune gêne. Lorsqu'une femme devient maîtresse de maison du jour
au lendemain, elle doit user de savoir-faire et de
savoir-vivre. Mais cette histoire peut paraître invrai-
semblable à beaucoup ; néanmoins, ceux qui comprennent la nature de Parvoti verront qu'un concours
de circonstances l'avaient poussée à mûrir au-delà de
son âge. En plus, elle n'avait jamais montré de fausse
timidité sans raison ni de manières affectées. Aussi
demanda-t-elle :

– Où sont mes autres enfants, mon fils ?

Un sourire aux lèvres, Môhendra la renseigna :

– Votre fille aînée, ma sœur cadette, Joshôda, est maintenant chez son mari. Je lui ai écrit pour qu'elle vienne, mais elle n'a pas pu.

Parvoti en fut désolée.

– N'a pas pu ou n'a pas voulu? demanda-t-elle.

– Je ne sais pas au juste, Mère, répondit Môhendra, embarrassé.

Mais son regard et le ton de ses paroles indiquèrent à Parvoti que Joshôda était aigrie, d'où son absence.

– Et mon fils le plus jeune? reprit Parvoti.

– Il va bientôt revenir, lui dit Môhendra. Il est à Kolkata et il sera de retour immédiatement après ses examens.

Bhouban Chowdhury dirigeait lui-même les affaires de ses vastes propriétés. Il passait toute la matinée dans son bureau. Et le reste du temps, jusqu'à dix ou onze heures du soir, il vaquait à des tâches charitables et religieuses. Chaque jour, il faisait le *puja* de la *shâlgrâm*, la divinité tutélaire de la famille, et nettoyait lui-même la salle réservée au *puja*. Il s'occupait aussi de l'accueil des visiteurs dont la plupart étaient des ermites et des saints. Les jours sacrés, il faisait jeûne et pénitence et observait les rites et les rituels. Malgré son remariage, il n'apporta aucun changement à sa routine quotidienne, ni ne se livra à de nouveaux plaisirs et divertissements. La nuit, il venait quelquefois se coucher dans sa chambre, quelquefois il ne venait pas. S'il venait, il parlait peu avec Parvoti. Il se couchait dans son lit en tirant le long traversin près de lui. Une nuit, les yeux clos, il dit à Parvoti:

– Vous voici la nouvelle maîtresse de cette maison.
Considérez tous ses objets comme les vôtres et utili-
sez-les à votre guise.

– Bien, répondit Parvoti en acquiesçant d'un signe
de tête.

Une autre nuit :

– Hum... et mes enfants, ils sont les vôtres à partir de maintenant...

Les yeux de Parvoti pétillèrent de plaisir quand elle
perçut l'hésitation de son mari. Il poursuivit avec un
sourire affable :

– Oui, et votre fils aîné, Môhen, il vient de réussir
sa licence – un garçon si bon, si gentil... vous savez...
traitez-le avec un peu d'amabilité et de tendresse...

Réprimant un petit rire, Parvoti fit remarquer :

– Je sais qu'il est mon fils aîné...

– Ah ! bien ! Un garçon comme lui est vraiment
rare. Et ma fille, Joshôda, elle est jolie comme un
cœur. Elle reviendra, sans doute, voir son vieux père.
Alors, lorsqu'elle sera ici, justement...

Parvoti se rapprocha de lui et posant sa paume
douce comme le lotus sur le crâne chauve de son
mari, lui dit suavement :

– Ne vous inquiétez pas à ce sujet. J'enverrai quelqu'un pour aller chercher Joshôda. Sinon, Môhen lui-
même ira.

– Oui, cela fait déjà longtemps que je ne l'ai pas
vue. Allez-vous vraiment la faire chercher ?

– Certainement. Elle est ma fille. Alors pourquoi
n'enverrai-je pas quelqu'un la chercher ?

À cette réponse, Bhouban *Babou* s'assit tout heureux. Oubliant leur relation, il posa sa main sur la tête de Parvoti et la bénit avec ces mots :

– Vous réussirez dans cette entreprise, je vous donne mes bénédictions. Vous serez heureuse. Que Dieu vous accorde une longue vie !

Soudain un flot de souvenirs se pressa dans l'esprit de Bhouban *Babou*. Il se recoucha et les yeux clos, bredouilla :

– Ma fille aînée, ma fille unique... elle m'aimait tant...

À ce moment-là, une larme coula à côté de sa moustache poivre et sel et tomba sur l'oreiller. Parvoti essuya doucement la joue de son époux avec un bout du pan de son *sari*.

Une autre fois il chuchota :

– Ah ! ils reviendront tous et cette maison résonnera de vie à nouveau... comme elle était autrefois, vous savez ; oh ! comme les jours étaient alors pleins d'animation ! Enfants, femme, foule de parents, rires et amusements, et par-dessus tout, la fête de *Durga Puja* chaque année : toute la maisonnée rayonnait de joie. Puis, un jour tout s'éteignit. Les enfants partirent pour Kolkata, son beau-père emmena Josho ; et alors cette maison se transforma en un champ de crémation triste et froid.

Les larmes se remirent à couler, mouillant de nouveau l'oreiller. Parvoti les épongea avec tendresse et demanda :

– Pourquoi n'avez-vous pas marié Môhen ?

– Oh ! c'était mon rêve… répondit son mari, c'est ce que je souhaitais, mais Dieu seul sait pourquoi il refuse si obstinément le mariage. C'est pour cette raison que maintenant cette maison semble si déserte, dépourvue d'une influence féminine ; tout est morne, sombre et sans vie. D'ailleurs, je deviens vieux aussi. C'est pourquoi…

Comme elle écoutait ces paroles, Parvoti se sentit très triste. Elle essaya d'esquisser un sourire tout en disant d'un ton dolent :

– Si vous croyez que vous êtes vieux, moi aussi, je serai bientôt vieille. Pensez-vous que les femmes vieillissent plus lentement ?

Bhouban Chowdhury s'assit, prit le visage de Parvoti dans ses mains et le regarda longtemps, tel un sculpteur adroit, qui après avoir achevé sa statue, la fait pencher de droite et de gauche, et puis la contemple fièrement empli d'affection mêlée de respect.

Quelques jours plus tard, un soupir sortit de ses lèvres à son insu :

– Oh ! non, je n'ai pas bien agi…

– À quoi faites-vous allusion ?

– Je pense que cette maison ne vous sied pas…

– Pourquoi pas ? s'exclama Parvoti en éclatant de rire. Elle me convient tout à fait. Qu'aurais-je pu espérer de mieux ?

Bhouban *Babou* se recoucha en disant :

– Je comprends, je comprends. Quoi qu'il en soit, vous serez heureuse. Dieu vous protégera.

Un mois s'écoula ainsi. Un jour, Monsieur Cha-krabôrty, le père de Parvoti, se présenta pour ramener sa fille à la maison. Parvoti n'avait pas envie d'y retourner.

– Papa, le désordre règne ici, dit-elle à son père. Je reviendrai un peu plus tard.

« Tel est le cœur des femmes ! » se dit le père souriant à part lui.

Immédiatement après son départ, Parvoti s'adressa à Môhendra et lui dit :

– Mon fils, allez chercher ma fille aînée.

Môhendra hésita. Il savait bien que Joshôda refuserait absolument de revenir.

– Mère, laissez mon père aller la chercher ! lui suggéra-t-il alors.

– Impossible ! Que vont dire les gens ? Il vaudrait mieux que nous y allions ensemble.

– Vous ? demanda Môhendra, surpris.

– Pourquoi pas, mon fils ? Je n'ai pas honte d'aller chez elle. Si ma démarche réussit à faire venir Joshôda, si cela adoucit ses sentiments froissés, alors pourquoi pas ?

Le lendemain matin, Môhendra partit tout seul chercher Joshôda. Personne ne sut quels pouvoirs persuasifs il exerça, mais quatre jours plus tard, Joshôda arriva à la maison paternelle. Ce jour-là, Parvoti se para d'une variété de bijoux précieux, tout neufs. Ces bijoux, Bhouban *Babou* les avait achetés à Kolkata quelques jours plus tôt. Parvoti accueillit Joshôda couverte de tous ces bijoux. En chemin, Joshôda s'était répétée plusieurs paroles d'accusations et d'indignation parce qu'elle ne voulait pas de belle-mère. Mais à la vue de la nouvelle mariée, elle eut le souffle coupé. Elle se souvint à peine de tous les propos de rancœur qu'elle avait ruminés. Ouvrant à demi ses lèvres, elle murmura : « Ah, bon ! »

Parvoti la prit alors par la main et la mena dans sa propre chambre. Elle la fit asseoir, prit un eventail et tout en la rafraîchissant doucement, elle lui demanda :

– Je crois que vous êtes fâchée contre moi, ma fille.

La honte monta au visage de Joshôda. Parvoti enleva les bijoux qu'elle portait et l'un après l'autre en para Joshôda.

– Que faites-vous ? s'écria Joshôda, étonnée.

– Rien, ça me chante.

Cela ne déplaisait pas à Joshôda de porter les bijoux. Lorsqu'elle les eut tous mis, un léger sourire flotta sur ses lèvres. Dépouillée de ses bijoux, Parvoti demanda alors :

– Êtes-vous fâchée contre moi ?

– Non, non… de la colère ! Pourquoi ?

– Mais si, ma fille, poursuivit Parvoti. C'est la maison de votre père. Et comme elle est grande, cette maison ! Une foule de domestiques est nécessaire pour l'entretenir. Je ne suis qu'une de ces domestiques. Ce n'est pas bon, ma fille, que vous soyez fâchée contre une simple domestique.

Joshôda était plus âgée que Parvoti, mais en paroles, Parvoti était beaucoup plus mûre qu'elle. Joshôda en demeura médusée. Pendant qu'elle l'éventait, Parvoti reprit :

– Je suis issue d'une famille pauvre et vous êtes bien gentils de m'avoir donné refuge ici. Il y a tant de gens malheureux et misérables qui se refugient ici quotidiennement grâce à votre générosité, je ne suis que l'une d'entre eux. Et celle qui est...

Envoûtée, Joshôda écoutait Parvoti. Elle fut saisie d'émotion et tomba alors aux pieds de Parvoti pour lui présenter ses respects.

– Oh, Mère, s'il vous plaît, je vous en supplie! dit-elle d'une voix étouffée.

Parvoti la releva vite.

Veuillez m'excuser de ne pas être venue vous voir plus tôt, articula Joshôda.

Le lendemain Môhendra prit sa sœur à part et lui demanda :

– Ta colère s'est-elle enfin apaisée?

Joshôda lui toucha les pieds en disant :

– *Dada,* dans un accès de colère, oh! là, là! j'ai dit n'importe quoi. Oubliez, s'il vous plaît.

Môhendra se mit à rire.

– Mais *Dada,* comment une belle-mère peut-elle être si aimable, si gentille et si douce? demanda Joshôda.

Deux jours plus tard, Joshôda alla trouver Bhouban *Babou.*

– Papa, veuillez écrire à mes beaux-parents que je ne retournerai pas chez eux avant deux mois.

– Pourquoi, ma fille? demanda Bhouban *Babou,* fort étonné.

Joshôda sourit, quoique embarrassée :

– Je ne vais pas très bien – je voudrais passer quelques jours ici avec ma mère.

Des larmes de joie montèrent aux yeux de Bhouban *Babou*. Le soir, il fit appeler Parvoti et lui avoua :

– Vous m'avez épargné tant de désagréments. Je vous bénis, soyez heureuse, ayez une longue vie.

– Je ne comprends pas, fit remarquer Parvoti.

– Je ne peux pas vous expliquer. Ô Dieu, vous m'avez acquitté aujourd'hui de tant d'humiliations et de culpabilité.

Dans l'obscurité, Parvoti ne vit pas que les yeux de son mari étaient noyés de larmes. Et Binodlal, le plus jeune fils de Bhouban *Babou,* qui venait de rentrer à la maison après avoir réussi ses examens, ne voulut plus retourner à Kolkata pour finir ses études.

11

Devdas passa les deux ou trois jours qui suivirent sa visite à Chandramoukhi à déambuler dans les rues de Kolkata comme un fou. Il était complètement désemparé depuis sa première rencontre avec elle. Puis, un jour, Dharmadas vint lui parler, mais Devdas, furieux, le renvoya aussitôt. La situation était telle que même Chounilal n'osait plus lui parler. Dharmadas pleurait amèrement lorsqu'il demanda à Chounilal :

– Chouni *Babou*, pourquoi cette situation s'est-elle produite ?

– Que lui est-il arrivé, Dharmadas ? l'interrogea à son tour Chounilal.

On aurait dit un aveugle en menant un autre. Aucun d'eux ne connaissait la vérité sur cette affaire. Dharmadas, les joues inondées de larmes, lui dit :

– Chouni *Babou*, veuillez faire tout votre possible pour renvoyer *Dev-ta* chez sa mère. D'ailleurs, s'il ne veut plus poursuivre ses études, à quoi bon rester ici à Kolkata?

C'était vrai. Chounilal se mit à réfléchir à cette suggestion. Quelques jours plus tard, de nouveau à l'heure du crépuscule, juste au moment où il sortait de la pension, Devdas surgit brusquement et prit sa main dans la sienne.

– Chouni *Babou,* y allez-vous maintenant? demanda-t-il.

– Oui... mais si vous ne le souhaitez pas, alors, je n'irai pas, dit Chounilal sur un ton mal assuré.

– Non, je ne vous en empêche pas; mais pourriez-vous me dire ce que vous trouvez là-bas? reprit Devdas.

– Je n'y trouve rien. Il ne s'agit que d'un moyen pour passer le temps.

–Vraiment? Pouvez-vous y passer le temps? À moi aussi le temps pèse. Je veux que le temps passe vite.

Pendant quelques instants Chounilal regarda Devdas attentivement. Peut-être essayait-il de deviner ses pensées en lisant sur son visage.

– Devdas, que se passe-t-il? Pourriez-vous m'ouvrir votre cœur?

– Il n'y a rien. Je vais tout à fait bien.

–Vous ne voulez donc pas me le dire.

– Mais il n'y a rien à dire.

Le visage baissé, Chounilal resta longtemps silencieux. Puis il reprit:

– Devdas, voulez-vous me faire une faveur?

– Laquelle?

– Il faut que vous y retourniez une fois de plus. Je l'ai promis.

– Ah! vous parlez de cet endroit où nous sommes allés l'autre jour, n'est-ce pas?

– Oui.

– Oh! je déteste ce lieu.

– Je ferai en sorte que ce lieu vous plaise cette fois-ci.

Devdas retourna distraitement cette idée dans sa tête pendant un temps avant de déclarer:

– Bon, allons-y.

Ainsi Chounilal tendit l'échelle à Devdas pour que ce dernier descende dans la dégradation abjecte tandis que lui s'esquivait en douce. Devdas commença alors à fréquenter Chandramoukhi. Assis tout seul dans la chambre de celle-ci, il buvait de l'alcool sans s'arrêter. Un soir, Chandramoukhi était assise dans un coin de sa chambre et fixait son regard mélancolique sur Devdas.

– Devdas, ne buvez plus, lui dit-elle avec inquiétude.

Devdas posa le verre sur le sol, fronça les sourcils d'un air désapprobateur et demanda:

– Pourquoi?

– Vous avez commencé à boire depuis peu et vous buvez à l'excès. Vous ne serez pas capable de supporter tant d'alcool.

– Je ne bois pas d'alcool afin de le supporter. J'en bois seulement pour demeurer ici.

Chandramoukhi l'avait entendu tenir ces mêmes propos plusieurs fois. Elle voulait parfois se cogner la tête contre le mur et mourir. Elle était amoureuse de Devdas.

Devdas jeta à terre le verre qui se heurta contre le pied du canapé en bois et qui se brisa en mille morceaux. Puis s'appuyant de côté sur les oreillers, il commença à marmonner :

— Je n'ai pas la force de me lever et partir, c'est pourquoi, je reste assis ici... je n'ai pas maintenant pleine conscience de moi, c'est pourquoi je vous regarde et je vous parle... Mais Chan... dra... je ne perds pas conscience complètement... j'en retiens un peu... je ne peux pas vous toucher... ça me dégoûte.

— Devdas, tant de gens viennent ici, mais ils ne boivent jamais d'alcool, dit Chandramoukhi doucement en séchant ses yeux.

Devdas s'assit tout droit, les yeux écarquillés d'étonnement. Battant l'air de ses mains dans un accès de délire, il s'exclama :

— Ne boivent jamais ! Si j'avais eu un fusil, j'aurais tiré sur eux. Ils sont pires pêcheurs que moi, Chandramoukhi !

Il s'arrêta quelques instants et sembla se perdre dans ses pensées.

— Si jamais j'abandonnais l'alcool, reprit-il, quoique je ne le ferai pas, je ne reviendrais plus jamais ici. Je serais sauvé mais qu'est-ce qui se passerait pour eux ?

Il fit une pause, puis poursuivit :

— Je m'adonne à la boisson poussé par le chagrin ; elle est notre amie à l'heure de détresse et de désespoir ! Et je ne peux pas non plus renoncer à vous...

Devdas se mit à frotter son visage contre l'oreiller. Chandramoukhi vint aussitôt près de lui et lui releva la tête. Devdas fronça les sourcils et lança :

– Pouah! Ne me touchez pas, je n'ai pas encore perdu conscience. Chandramoukhi, vous ne le savez pas, vous, mais je sais bien, moi, combien je déteste les femmes de votre métier. Je vous détesterai toujours, mais malgré ça, je viendrai ici à maintes reprises, m'assiérai près de vous et vous parlerai, je n'ai pas le choix. Comprenez-vous ce que je vous dis? Ha! les gens choisissent le péché en cachette et je viens ici noyer mon chagrin dans la boisson. Y a-t-il un meilleur endroit sous le soleil pour cela? Et les femmes de votre profession...

Devdas fixa son regard sur le visage déchirant de Chandramoukhi pendant quelque temps et puis dit :

– Ah! vous êtes l'âme même de la tolérance. Vous êtes l'exemple idéal des femmes qui sont obligées de subir tant d'humiliations et d'injures, tant de moqueries et d'opprobres!

Il se coucha à plat sur le dos et chuchota :

– Chandramoukhi prétend qu'elle m'aime... je ne le veux jamais... jamais... jamais. Au théâtre, les gens jouent, se fardent, se déguisent en voleur, en mendiant, en roi ou bien en reine... et ils aiment, ils parlent d'amour, versent des larmes, comme si tout était vrai. Ma Chandramoukhi aime jouer et je la regarde... Mais *elle* me revient à l'esprit... Comme tout est allé de travers en un clin d'œil! En un instant *elle* s'est éloignée de moi... et quant à moi, quelle vie

déplorable j'ai choisi de mener maintenant! Un
ivrogne invétéré et cette femme-ci, une pros... Ah!
bon, qu'il en soit ainsi! Pas d'espoir, ni foi, ni joie, ni
désirs... Bah! très brillant!

Devdas se retourna ensuite et continua de mar-
motter. Chandramoukhi ne put comprendre ce qu'il
disait. Bientôt, il glissa dans le sommeil. Alors,
Chandramoukhi s'approcha et s'assit auprès de lui.
Elle épongea le visage de Devdas avec un bout du pan
de son *sari* et changea l'oreiller mouillé. Pendant un
long moment, elle l'éventa et demeura assise, la tête
baissée. Vers une heure du matin, elle éteignit la
lampe, ferma la porte et se dirigea vers une autre
chambre.

12

Les deux frères, Dwijodas et Devdas, ainsi qu'un grand nombre de villageois rentrèrent à la maison après avoir accompli les rites funéraires pour la crémation du *zamindar* Narayan *Mukhujjyé*. Dwijodas, fou de chagrin, pleurait bruyamment et les gens du coin ne parvenaient pas à le consoler. Devdas, au contraire, était assis calme et serein à côté d'un pilier. Pas un seul mot ne s'échappa de sa bouche, ni une seule larme ne mouilla ses yeux. Personne ne s'occupait de lui, personne n'essayait même de le consoler. Madhusudan Ghose tenta une fois de s'approcher de lui pour dire :

– C'est le destin, mon enfant...

Devdas leva la main pour désigner Dwijodas en disant :

– Là !

Embarrassé, Monsieur Ghose recula en marmonnant :

– Oui, ton père, c'était un grand homme…

Personne d'autre n'osa s'approcher de Devdas. Quand il fut midi passé, il vint s'asseoir aux pieds de sa mère, à moitié évanouie. Plusieurs femmes étaient déjà assises autour d'elle. La grand-mère de Parvoti était présente également. D'une voix brisée par l'émotion, elle dit à la mère endeuillée de Devdas :

– *Bôümâ*, regardez qui est ici… Devdas !

– Mère ! l'appela Devdas.

Sa mère ouvrit les yeux une fois seulement et se contenta de prononcer :

– Mon fils !

Puis des larmes commencèrent à couler à flots au coin de ses yeux clos. Les autres femmes qui l'entouraient éclatèrent en sanglots de concert.

Devdas posa son visage sur les pieds de sa mère pendant quelques instants. Ensuite il se leva et se dirigea lentement vers la chambre de son père défunt. Il avait les yeux secs et le corps aussi froid et grave qu'une statue. Fixant ses yeux injectés de sang vers le plafond, il s'assit par terre avec un bruit sourd. La vue même de son visage aurait effrayé n'importe qui. Les veines des deux côtés de ses tempes étaient gonflées et ses cheveux longs et rêches se dressaient sur sa tête. Sa peau claire comme l'or chaud était maintenant assombrie par tous les excès de sa vie à Kolkata, par le manque de sommeil de la nuit précédente et par le choc de cette perte cruelle ! Ceux qui l'avaient vu un an auparavant n'auraient peut-être pas pu le reconnaître maintenant au premier abord.

Un peu plus tard, la mère de Parvoti qui le cherchait, entra dans la chambre en poussant la porte :

– Devdas ! appela-t-elle.

– Qu'y a-t-il, tante ?

– Combien de temps te comporteras-tu ainsi, mon fils !

– Qu'ai-je fait, tante ? demanda Devdas.

La mère de Parvoti savait bien la réponse mais elle se tut. Attirant la tête de Devdas sur ses genoux, elle dit d'un ton affectueux :

– *Dev-ta,* mon enfant !

– Que voulez-vous dire, tante ?

– *Devta-charan,* mon fils !

Enfin, Devdas cacha son visage dans sa poitrine et versa une seule larme.

Les jours passent même dans une famille endeuillée. Petit à petit, un nouveau jour parut, les larmes et les gémissements s'atténuèrent. Dwijodas retrouva son état normal, sa mère aussi sortit de sa torpeur et se mit à faire le ménage tout en s'essuyant les yeux de temps à autre. Deux jours plus tard, Dwijodas appela Devdas et lui demanda :

– Combien d'argent peut-on dépenser pour les derniers rites de notre père ?

– Ce que vous jugez bon, répondit Devdas en fixant son regard sur le visage de son frère aîné.

– Mais, mon frère, ça ne dépend pas seulement de ma décision. Tu es grand maintenant, il faut que je sache aussi ce que tu penses.

– Combien d'argent liquide y a-t-il ? demanda Devdas.

– Il y a cent cinquante mille roupies sur le compte de notre père. Je considère que ce serait plus que suffisant si on dépensait dix mille roupies à cette occasion. Qu'en penses-tu ?

– Combien me revient ?

Dwijodas hésita d'abord un peu, puis répondit :

– Tu auras la moitié. Si nous dépensons dix mille roupies, alors chacun de nous recevra soixante-dix mille roupies.

– Combien d'argent notre mère recevra-t-elle ?

– Qu'a-t-elle besoin d'argent ? Elle est la maîtresse de maison. Nous allons nous occuper d'elle.

Devdas réfléchit quelques instants avant de dire :

– À mon avis, nous devons dépenser cinq mille roupies de votre part et vingt-cinq mille roupies de ma part. Sur les cinquante mille roupies restantes de ma part, j'en prendrai la moitié et l'autre moitié sera déposée sur le compte de notre mère. Qu'en dites-vous ?

Dwijodas parut d'abord un peu embarrassé. Puis il dit :

– C'est une bonne proposition. En effet, comme tu le sais, j'ai une famille – femme, fils, fille – et je dois faire face à de grosses dépenses pour le cordon sacré, l'éducation, le mariage et ainsi de suite. Alors, ta proposition est très bonne.

Après une pause, il reprit :

– Si tu pouvais seulement mettre cela par écrit…

– Est-ce vraiment necéssaire ? En ce moment, ça va faire mauvais effet. Je pense que ces discussions d'argent doivent rester entre nous.

– C'est vrai. Mais tu sais…

– D'accord. Je vais mettre cela par écrit.

Ce jour même, Devdas fit les papiers requis et les signa.

Le lendemain, vers midi, Devdas descendait l'escalier et, trouvant Parvoti debout dans un coin, il s'arrêta net sur les marches. Parvoti le regarda mais elle eut peine à le reconnaître. Devdas s'approcha d'elle et d'un ton grave mais calme demanda :

– Quand es-tu arrivée, Parou ?

La même voix ! Ils se rencontraient après un intervalle de trois années.

– Ce matin, répondit Parvoti, le visage baissé.

– Ça fait longtemps que nous ne nous sommes pas vus. Tu vas bien ?

Parvoti fit signe que oui.

– Est-ce que Chowdhury-*mochaï* va bien ? Et tes enfants, est-ce qu'ils vont bien ?

– Tout le monde va bien.

Parvoti lui jeta un coup d'œil furtif, mais elle ne put se résoudre à lui demander comment il allait ou bien ce qu'il faisait. À ce moment-là, elle se trouva à court de questions.

– Tu restes encore quelques jours ici ? demanda Devdas.

– Oui.

– Bon, alors…

Sur ces mots, Devdas sortit.

Les derniers rites pour le *zamindar* furent accomplis en temps voulu. Inutile ici de les décrire car une longue narration serait nécessaire. Le lendemain, Parvoti prit Dharmadas à part, lui offrit un collier en or et lui dit :

– Dharma, c'est pour votre fille.

Les yeux de Dharmadas s'emplirent de larmes.

– Ah ! je ne vous ai pas vue depuis bien longtemps ; est-ce que tout va bien, *didi* ?

– Oui. Et vos enfants ?

– Ils vont bien, Parou.

– Et vous, vous allez bien ?

Dharmadas poussa alors un gros soupir avant de répondre :

– Comment puis-je dire « bien » ? Le maître est parti et maintenant j'ai envie de partir, moi aussi.

Dharmadas, sous le coup de son profond chagrin, semblait vouloir ouvrir son cœur à Parvoti. Mais elle l'arrêta net. Elle ne lui avait pas fait cadeau du collier pour rien.

– Taisez-vous, Dharma, dit Parvoti. Si vous partez, qui va s'occuper alors de Dev-*dada* ?

Dharmadas répondit en se frappant le front :

– Oh ! je me suis assez occupé de lui lorsqu'il était plus jeune. Maintenant, je serai soulagé de ne plus m'en occuper du tout, Parou.

Parvoti se rapprocha de lui et demanda :

– Dharma, me parlerez-vous franchement ?

– Bien sûr, *didi.*

– Alors, dites-moi la vérité. Que fait *Dev-da* à présent ?

– Des bêtises, quoi d'autre ?

– Dharmadas, parlez clairement.

Dharmadas se frappa le front de nouveau.

– Que puis-je dire de plus ! Est-ce quelque chose à révéler ? Maintenant, le maître est parti ; *Dev-ta* a hérité, en conséquence, d'une grosse fortune. Les choses vont empirer désormais.

Le visage de Parvoti s'assombrit. Elle avait déjà entendu raconter des choses déplaisantes sur son *Dev-da*.

– Tout cela est-il donc vrai, Dharmadas ? demandat-elle avec appréhension.

Parvoti avait reçu quelques nouvelles de son *Devda* par les lettres de Mônôroma, mais elle ne les avait pas crues. Dharmadas continuait son récit en secouant la tête :

– Il ne mange pas, il ne dort pas, il ne fait que boire bouteilles sur bouteilles. Il ne rentre pas chez lui plusieurs jours de suite. Personne ne connaît son adresse. Il a dépensé beaucoup d'argent pour une femme. J'ai entendu dire qu'il lui a offert des bijoux valant plusieurs milliers de roupies.

Parvoti tremblait de tout son corps.

– Est-ce que tout cela est vrai, Dharmadas ? répétat-elle.

– Il vous écoutera, marmonna Dharmadas. Veuillez lui dire d'arrêter tout cela. Regardez l'état de sa santé ; ses jours sont comptés si ça continue ainsi. À qui puis-je en parler? Ce n'est pas quelque chose que je peux raconter à ses parents ou bien à son frère.

Dharmadas se frappa la tête plusieurs fois de son poing en gémissant:

– Je veux me cogner la tête contre ce mur et mourir, Parou, je ne veux plus rester en vie.

Parvoti se leva et s'éloigna. Elle s'était précipitée chez Devdas immédiatement après avoir entendu la nouvelle de la mort de Narayan *Babou*. Elle avait pensé qu'elle devait revoir Devdas au moins une fois en cette heure de deuil. Mais qu'était devenu maintenant son *Dev-dada* bien-aimé? Les souvenirs encombraient son esprit. Si elle critiquait une fois Devdas, elle se le reprochait ensuite mille fois. Si elle avait été là, se répétait-elle sans cesse, les choses auraient-elles pris une si triste tournure? C'était elle, l'architecte de sa misère. Voilà son *Dev-dada* qui se dissipait, qui se détruisait en ce moment... alors qu'elle s'occupait de rendre heureuse la famille de quelqu'un d'autre! Elle faisait la charité chaque jour, accueillait des étrangers, et le seul homme qui représentait tout pour elle était sur le point de mourir! Parvoti décida d'aller trouver Devdas pour lui parler.

Un peu avant la tombée de la nuit, Parvoti entra dans la chambre de Devdas. Celui-ci était assis sur son lit et étudiait quelques comptes. Levant les yeux, il vit Parvoti entrer. Elle ferma lentement le verrou de la porte et s'assit par terre. Devdas la regarda, un sourire aux lèvres. Il avait le visage triste mais calme. Soudain il eut envie de faire une plaisanterie:

– Et si je te calomniais?

De ses yeux beaux comme le lotus, Parvoti lui lança un regard rapide mais peiné et immédiatement après, les baissa. Ce regard voulait montrer clairement que cette remarque resterait dans son cœur pour toujours comme un rappel douloureux. Mais pourquoi ce rappel? Elle était venue pour lui dire tant de choses mais son esprit se vida. Elle semblait perdre son pouvoir de parler chaque fois qu'elle se trouvait en présence de Devdas.

Devdas pouffa de rire:

– Je sais, je sais, tu as honte, n'est-ce pas?

Parvoti ne réussit pas à parler.

– N'aie pas honte là-dessus, continua Devdas. Alors, bon, nous, nous avons fait une faute, tous les deux… et regarde dans quelle situation nous nous trouvons! Tu as parlé sous l'effet de la colère et sans réfléchir, et moi aussi, je t'ai blessée au front; je suppose que ça nous met à égalité.

Ses paroles ne contenaient ni sarcasme, ni dérision; il parlait du passé, la mine souriante. Mais Parvoti sentit son cœur se fendre des remords aigus. Elle se couvrit le visage avec le pan de son *sari*, retint son souffle et se dit: « *Dev-da*, cette blessure est mon soulagement, mon seul espoir. Vous m'aimiez et donc ce fut très gentil d'inscrire notre douce relation sur mon front. Ce n'est pas une honte, ni un scandale, mais une marque de fierté pour moi. »

– Parou!

– Quoi? répondit-elle à travers le voile de son *sari*.

– Souvent je me sens très fâché contre toi…

Sa voix revêtit alors des intonations amères :

– Mon père est parti, c'est un moment très triste de ma vie ; mais si tu étais avec moi, je ne me sentirais pas aussi anéanti. Tu connais bien la femme de mon frère aîné, et la nature de mon frère aîné ne t'est pas non plus inconnue. Dis-moi, que dois-je faire à cette heure-ci avec ma mère ? Et je ne sais pas non plus ce que je vais devenir. Si tu étais là, je pourrais tout laisser sans soucis entre tes mains… Qu'y a-t-il, Parou ?

Parvoti hoqueta et ne put retenir ses sanglots.

– Tu pleures ? demanda Devdas, alors, je m'arrête de parler.

– Non, continuez, dit Parvoti en s'essuyant les yeux.

Soudain, d'une voix dénuée de toute émotion, Devdas demanda :

– Parou, je crois que tu dois être maintenant une excellente ménagère, n'est-ce pas ?

Parvoti pensa : « Je me moque de ma condition de ménagère. À quoi bon si une fleur n'est jamais placée aux pieds de la divinité ? »

Devdas reprit avec un rire cassant :

– Je pense que c'est vraiment drôle. Tu étais une jeune fille si humble et maintenant regarde-toi : immense maison, vastes propriétés, grands enfants… et Chowdhury-*mochaï*, un homme de grande renommée… tout est grand… Mais qu'est-ce qui te fait rire ?

Chowdhury-*mochaï* était toujours un grand amusement pour Parvoti. Elle avait envie de rire chaque fois qu'il venait à son esprit. C'est pourquoi, même dans cet état pitoyable, elle adressa un grand sourire à Devdás.

Devdas, feignant la gravité, demanda :

– Peux-tu me faire une faveur ?

– Laquelle ?

– Y a-t-il des belles filles dans le village où tu vis ?

La gorge de Parvoti se contracta. Elle toussa et puis bredouilla :

– Des belles filles ? Pourquoi demandez-vous cela ?

– Si j'en trouve une, je pourrai l'épouser. J'ai envie de mener une vie rangée.

Parvoti fit une mine à la fois franche et douce :

– Elle doit être très belle, n'est-ce pas ?

– Oui, comme toi.

– Et elle doit être très gentille ?

– Non, pas trop gentille, plutôt un peu méchante – une fille qui puisse se quereller avec moi comme tu le faisais.

Parvoti se dit en elle-même : « Personne d'autre que moi ne pourra le faire, *Dev-da*, parce qu'il faudrait qu'elle vous aime autant que je vous aime. » Alors, elle lui proposa :

– Mais ce n'est pas bien difficile ; il y a des milliers de filles comme moi qui seraient honorées de vous considérer comme l'un des leurs.

Devdas plaisanta gaiement :

– Pour le moment, une seule suffira. Peux-tu m'en trouver une ?

– *Dev-da,* est-ce que vous tenez vraiment à vous marier ?

– Je viens de te le dire.

Mais Devdas ne révéla pas qu'elle était la seule femme qui compterait pour lui aussi longtemps qu'il serait en vie.

– *Dev-dada*, puis-je vous demander quelque chose ? reprit Parvoti.

– Quoi ?

Parvoti rassembla tout son courage pour dire :

– Pourquoi avez-vous apppris à boire ?

– Faut-il apprendre à boire ? répondit Devdas en riant de bon cœur.

– Ce n'est pas ça, mais pourquoi avez-vous pris l'habitude de boire ?

– Qui t'a dit cela ? Dharmadas ?

– Qu'importe ! Mais n'est-ce pas vrai ?

Devdas ne lui mentit pas.

– Oui, c'est vrai dans une faible mesure, répondit-il.

Pendant quelques instants Parvoti resta assise en silence. Puis elle déclara :

– Et vous avez donné à cette femme des bijoux dont la valeur s'élève à plusieurs milliers de roupies, n'est-ce pas ?

– Je ne les lui ai pas encore donnés mais je les ai fait fabriquer, répondit Devdas en souriant. Tu veux les porter ?

Parvoti lui tendit la paume de sa main en disant :

– Oui, pourquoi pas ? Regardez, je n'ai pas de bijoux.

– Chowdhury-*mochaï* ne t'en a-t-il pas donné ?

– Il m'en a donné, mais j'en ai fait cadeau à sa fille aînée.

– N'en as-tu pas envie?

Secouant la tête, Parvoti baissa son visage.

Maintenant Devdas voulut vraiment pleurer. Il pouvait bien comprendre le désespoir qui avait poussé une femme à renoncer à tous ses bijoux. Mais il refoula ses larmes et parla lentement:

– Toutes ces histoires ne sont que mensonges, Parou. Je n'ai pas aimé d'autre femme, ni offert de bijoux à quiconque.

Parvoti poussa un grand soupir et se dit en elle-même: « Qu'il en soit ainsi. »

Tous les deux demeurèrent silencieux pendant plusieurs minutes. Puis Parvoti prit la parole:

– Mais promettez-le-moi, *Dev-da,* vous ne touche-rez jamais plus à l'alcool.

– Je ne peux pas te le promettre. Peux-tu me pro-mettre que tu ne penseras plus jamais à moi?

Parvoti ne lui répondit pas. À ce moment-là, quel-qu'un souffla dans une conque pour annoncer la venue de la nuit. Devdas, anxieux, jeta un coup d'œil par la fenêtre et dit:

– La nuit tombe, Parou, rentre dans ta chambre maintenant.

– Non. D'abord, promettez-le-moi.

– Je ne le peux pas.

– Pourquoi?

– Est-ce que tout le monde peut tout faire?

– Je suis sûre qu'on le peut si on le veut.

– Vraiment ? Peux-tu te sauver avec moi cette nuit ?

Pendant une fraction de seconde, le cœur de Parvoti oublia de battre. D'un air perplexe, elle balbutia :

– C'est impossible !

Devdas s'avança doucement au bord de son lit et ordonna :

– Parou, ouvre la porte !

Parvoti alors s'adossa à la porte fermée pour bloquer le passage à Devdas et puis répéta :

– Promettez-le-moi.

Devdas se leva en lui expliquant calmement :

– À quoi bon, Parou, m'arracher une promesse ? La promesse d'aujourd'hui peut être brisée demain. Pourquoi veux-tu faire de moi un menteur ?

De nouveau, plusieurs minutes s'écoulèrent dans un silence absolu. Soudain, une horloge sonna neuf heures du soir dans une autre chambre.

– Oh ! Parou, ouvre la porte vite… dit Devdas en se pressant.

Parvoti ne bougea pas.

– Ô Parou…

– Je ne sortirai pas.

Parvoti éclata en sanglots en s'allongeant par terre. Pendant longtemps, elle pleura à chaudes larmes.

À l'intérieur de la chambre, il faisait noir comme dans un four et rien n'était visible. Devdas devinait seulement le corps de Parvoti par terre. Elle pleurait toujours.

– Parou… l'appela-t-il doucement.

Parvoti répondit entre deux sanglots :

– *Dev-da*, je me sens si malheureuse.

Devdas s'approcha d'elle. Il avait également des larmes aux yeux mais sa voix n'était pas brisée d'émotion.

– Crois-tu donc que je ne le sais pas? prononça-t-il affectueusement.

– *Dev-da*, j'ai l'impression que je mourrai bientôt. Je n'aurai jamais l'occasion de m'occuper de vous, ce qui était mon désir ardent depuis toujours...

Dans l'obscurité, Devdas, tout en s'essuyant les yeux, dit:

– Nous avons encore du temps devant nous.

– Alors, venez chez moi; personne ici ne peut s'occuper de vous.

– Si je viens, vas-tu prendre soin de moi?

– Je l'ai toujours désiré, *Dev-da*. Ô mon Dieu, que ce désir soit satisfait! Après cela, si je meurs, cela n'aura aucune importance.

Maintenant les yeux de Devdas se mouillèrent de larmes.

– *Dev-da*, venez chez moi, reprit alors Parvoti.

– D'accord, je viendrai, dit Devdas en séchant ses larmes.

– Vraiment, jurez-le sur moi?

À tâtons, Devdas toucha le bout des pieds de Parvoti et déclara:

– Je n'oublierai jamais ma promesse, Parou. Je viendrai certainement chez toi si cela te rend heureuse. Je m'en souviendrai, même au moment de ma mort, je te le promets.

13

Après la mort de son père, Devdas passa six mois d'affilée dans la maison paternelle. La vie lui semblait extrêmement monotone ; il n'éprouvait ni paix ni joie et il devint très agité. De surcroît, Parvoti occupait toutes ses pensées ; ces jours-ci, il se souvenait d'elle dans tout ce qu'il faisait. Par-dessus tout, Dwijodas, le frère aîné, et sa femme, toute dévouée à son mari et qui n'arrêtait pas de faire des remarques déplaisantes envers son beau-frère, rendirent sa vie encore plus pénible.

La maîtresse de maison, elle aussi, se trouvait dans la même situation ennuyeuse que Devdas. Tout le bonheur s'envola de sa vie avec le décès de son époux. La maison lui semblait insupportable car elle avait l'impression qu'elle vivait dans l'asservissement. Depuis quelques jours, elle songeait à partir pour la ville sacrée de Bénarès ; mais comme Devdas n'était pas encore marié, elle dut mettre son désir en veilleuse.

– Devdas, marie-toi vite ; si tu mènes une vie stable, je pourrai mourir en paix, lui dit-elle, un jour.

Mais le mariage n'était pas si facile à arranger. D'une part, la période de deuil durait encore. D'autre part, il fallait trouver une jeune fille qui conviendrait à Devdas. C'est pourquoi, sa mère se sentait parfois triste ces jours-ci ; il lui arrivait même de penser que si elle avait donné Devdas en mariage à Parvoti, cela aurait été pour le mieux.

Elle appela un jour son jeune fils et lui dit :

– Je ne peux plus supporter de vivre ici ; je voudrais aller passer quelque temps à Bénarès.

Devdas approuva ce projet.

– C'est bien, dit-il à sa mère. Vous pouvez y rester six mois et puis revenir.

– Alors, mon fils, fais les préparatifs pour mon départ. À mon retour, nous accomplirons les rites annuels pour l'âme de ton père. Ensuite, je te donnerai en mariage et puis, je m'installerai à Bénarès pour de bon.

Devdas y consentit. Quelques jours plus tard, il accompagna sa mère jusqu'à Bénarès, l'y laissa et puis se rendit à Kolkata. Là, il passa trois ou quatre jours à la recherche de Chounilal. Mais il semblait que Chounilal n'était pas à Kolkata ; il avait déménagé et on ne savait pas où il se trouvait alors.

Or, un soir, Devdas se souvint de Chandramoukhi. Il pouvait sans doute aller la voir une fois. Pendant ces derniers mois, il n'avait pas du tout pensé à elle. Il en eut peut-être un peu honte. Le soir même, il loua une

calèche et arriva devant la maison de Chandramoukhi
juste un peu après le coucher du soleil. Après beaucoup d'appels, une voix féminine répondit de l'intérieur :

— Pas ici.

Un réverbère à gaz éclairait la maison. Devdas se
déplaça légèrement et, se plantant à côté du réverbère, demanda :

— Pourriez-vous me dire où elle est allée ?

Une fenêtre s'ouvrit. Une femme le fixa du regard
pendant un temps.

— C'est vous, Devdas ?

— Oui.

— Attendez. Je descends vous ouvrir.

Elle ouvrit la porte et dit :

— Entrez.

La voix paraissait familière à Devdas mais il ne put
la reconnaître. D'ailleurs, il faisait un peu sombre à
l'intérieur.

— Pourriez-vous me dire où se trouve Chandramoukhi ? lui demanda Devdas avec méfiance.

— Oui, mais montez d'abord, s'il vous plaît, répondit la femme avec un léger sourire.

— Ah ! c'est vous ! s'exclama Devdas en la recon-
naissant.

— Oui, c'est moi. Devdas, m'auriez-vous tout à fait
oubliée ?

En entrant dans la pièce à l'étage, Devdas remarqua que la femme était vêtue d'un *dhoti* bordé de noir
et qui avait l'air tout usé. Elle portait seulement deux

bracelets sur ses poignets et elle n'avait pas d'autres bijoux. Ses cheveux étaient mal coiffés.

— Que vous est-il arrivé ? demanda-t-il, surpris.

Chandramoukhi ne lui répondit pas. Devdas, qui l'observait toujours avec attention, constata aussi qu'elle avait beaucoup maigri.

— Avez-vous été malade ? reprit-il alors.

Chandramoukhi eut un rire jovial.

— Physiquement, pas du tout. Bon, asseyez-vous confortablement.

Devdas s'assit sur le lit et se rendit compte que la pièce avait subi un profond changement. Comme son occupante, elle avait l'air complètement usée. Il n'y avait pas un meuble – la table, la chaise, l'armoire manquaient ; il y avait seulement un lit dont le drap était miteux. Les images sur le mur avaient toutes été enlevées. Les clous sur lesquels elles avaient été accrochées sortaient du mur. Quelques morceaux de cordes rouges y pendaient encore. La pendule, posée sur une tablette, était toujours là mais elle se taisait. Tout autour les araignées avaient tissé leurs toiles. Une bougie qui brûlait dans un coin repandait une faible lumière mais suffisante pour que Devdas pût voir le nouveau visage de la pièce. Choqué, légèrement indigné même, il demanda :

— Chandra, comment cette catastrophe est-elle arrivée ?

— Vous le prenez pour une catastrophe ? répondit Chandramoukhi avec un faible sourire. Je l'appellerais de la chance.

— Où sont tous vos bijoux ? demanda-t-il, perplexe.

– Je les ai vendus.

– Et les meubles ?

– Vendus également.

– Avez-vous vendu les peintures aussi ?

Cette fois-ci, elle sourit d'un air douceâtre et puis désignant la maison d'en face, elle répondit :

– Je les ai données à Kshétramôni, la propriétaire de cette maison.

Devdas continua de l'observer pendant quelque temps, puis il demanda :

– Où est Chouni *Babou* ?

– Je ne sais pas. Nous nous sommes disputés il y a environ deux mois, après quoi il est parti. Il n'est plus revenu depuis.

– Pourquoi cette dispute ? demanda Devdas, immensément étonné.

– Les disputes n'existent-elles donc pas ?

– Bien sûr, elles existent, mais pourquoi ?

– Il est venu faire du courtage. Je déteste cette activité et c'est pourquoi je l'ai renvoyé.

– Du courtage en quoi ?

– Pour le racolage, dit Chandramoukhi en souriant. Puis elle poursuivit :

– Pourquoi ne comprenez-vous pas cela ? Il avait amené un homme riche, prêt à m'offrir deux cents roupies par mois ainsi qu'un tas de bijoux et qui, de plus, voulait engager un gardien à la porte. Comprenez-vous maintenant ?

Devdas, qui saisit enfin la situation, répliqua en riant :

– Mais je ne trouve ni le gardien, ni les bijoux ici.

– Vous auriez pu les trouver si je les avais acceptés. J'ai mis cet homme-là ainsi que le gardien à la porte.

– Pourquoi?

– Parce que cela ne m'intéressait pas, tout simplement.

– Et depuis ce temps-là, personne n'est venu ici? s'enquit Devdas après une longue réflexion.

– Non, personne. Et non seulement depuis ce temps-là, mais même depuis le jour de votre départ, personne n'est venu ici. Seul Chouni venait parfois, mais depuis les deux derniers mois, il ne vient plus.

Devdas s'allongea alors sur le lit. Distrait, il se tut longuement avant de demander:

– Chandramoukhi, avez-vous donc liquidé vos affaires?

– Oui, j'étais en faillite.

Sans commenter cette assertion, Devdas reprit:

– Mais comment allez-vous vivre?

– Je viens de vous dire que j'ai vendu les bijoux que je possédais.

– Combien en avez-vous retiré?

– Pas une grosse somme. Environ huit ou neuf cents roupies. J'ai mis cet argent en gage chez un épicier qui me donne vingt roupies par mois.

– Mais auparavant vous n'arriviez pas à joindre les deux bouts avec vingt roupies.

– C'est juste. Et même aujourd'hui cet argent ne me suffit pas. Je dois encore payer trois mois de loyer. J'ai donc décidé de vendre cette paire de bracelets pour payer toutes mes dettes et de m'installer ailleurs.

– Où voulez-vous aller?

– Je l'ignore encore. Je voudrais aller quelque part où la vie est moins chère, par exemple, dans un village reculé où je serai en mesure de vivre avec vingt roupies.

– Pourquoi n'êtes-vous pas déjà partie? Si vous n'avez besoin de rien de plus, pourquoi alors vous êtes-vous endettée ces derniers mois?

Chandramoukhi, le visage baissé, réfléchit un long moment. Pour la première fois de sa vie, elle eut honte de dire ce qu'elle avait à dire.

– Pourquoi restez-vous silencieuse? insista Devdas.

Chandramoukhi s'assit sur un coin du lit avec hésitation et puis elle commença à dire doucement:

– Ne vous fâchez pas. J'avais espéré vous revoir avant de partir. Je pensais que vous reviendriez une fois encore. Maintenant que vous êtes venu, je partirai demain. Mais pourriez-vous me suggérer un endroit où aller?

Ahuri, Devdas s'assit bien droit sur le lit en disant:

– Seulement dans l'espoir de me revoir? Mais pourquoi?

– Un caprice, sans plus. Vous me détestiez trop. Personne ne m'a jamais haïe autant que vous, peut-être en est-ce la raison. Aujourd'hui, je ne sais pas si vous vous en souvenez, mais moi, je m'en souviens bien: j'ai été attirée par vous dès le premier jour. Je savais bien que vous êtes le fils d'un homme riche; mais ce n'était pas votre richesse qui m'attirait. Tant de gens sont venus ici et puis sont repartis avant vous, mais je n'ai jamais vu en eux autant de force qu'en vous. Et vous m'avez blessée le premier jour : une violence sans provocation, un comportement tout à fait déplacé et choquant. Vous étiez assis le visage torturé par la haine et finalement presque comme par plaisanterie, vous m'avez jeté un billet. Vous en souvenez-vous ?

Devdas demeura muet.

– Depuis ce temps-là, continua Chandramoukhi, j'ai tourné mon regard vers vous. Ce n'était ni par amour, ni même par haine. Lorsqu'on voit pour la première fois quelque chose d'intéressant, on ne l'oublie pas facilement. C'est comme ça que je ne vous ai pas oublié. Quand vous veniez ici, je me sentais tendue et peureuse, mais quand vous ne veniez pas, rien ne me semblait bon. Et alors, je ne sais pas ce qui est allé de travers plus tard, mais j'ai commencé à tout voir de façon complètement différente. J'ai tant changé que le « moi » d'autrefois ne pouvait reconnaître celui d'aujourd'hui. Ensuite, vous vous êtes mis à boire. Je déteste l'alcool de tout mon être. Voir quelqu'un ivre me met en colère. Mais si vous étiez ivre, je ne me mettais pas en colère ; au contraire, je me sentais triste.

Cela dit, Chandramoukhi posa ses mains sur les pieds de Devdas et puis lui dit, les larmes aux yeux :

– Je suis une pécheresse, veuillez me pardonner. Plus vous me lanciez des injures et me repoussiez par haine, plus je voulais m'approcher de vous. Enfin,

quand vous vous endormiez… mais oublions ces histoires, cela vous mettra hors de vous si je les raconte.

Devdas restait silencieux. Ces aveux de Chandramoukhi lui étaient un peu pénibles. S'essuyant furti-
vement les yeux, elle continua :

— Un jour vous m'avez dit : « Les femmes de votre
métier supportent un tas d'injures, d'insultes, d'ou-
trages et de tortures abominables. » Dès ce jour-là,
j'ai eu un cœur gros et du coup, j'ai renoncé totalement à mon métier.

— Mais comment allez-vous vivre ? demanda Devdas
en se redressant.

— Mais je vous l'ai déjà dit.

— Supposons que l'épicier s'approprie tout votre
argent ?

Chandramoukhi n'eut pas l'air troublé. Elle dit
avec un parfait sang-froid :

— Ce ne sera pas quelque chose d'inhabituel. J'y ai
pensé. Si je me trouve dans de sérieuses difficultés
financières, je vous quémanderai un peu d'argent.

— Oui, il faut le faire, répondit Devdas après
réflexion. Maintenant, faites les préparatifs pour
déménager.

— Je m'en occuperai dès demain. Je vendrai d'abord
cette paire de bracelets et puis je verrai l'épicier.

Devdas extirpa alors de sa poche cinq billets de
cent roupies qu'il glissa sous l'oreiller.

— Ne vendez pas vos bracelets, dit-il, mais allez sans
tarder trouver l'épicier. Mais où irez-vous ? À un lieu
de pèlerinage ?

– Non, Devdas, je ne crois pas aux pèlerinages. Je
ne veux pas m'éloigner de Kolkata. Je m'installerai
dans un village près d'ici.

– Voulez-vous travailler comme domestique dans
une famille respectable ?

De nouveau, les larmes montèrent aux yeux de
Chandramoukhi. En les essuyant, elle dit :

– Je n'en ai pas envie. Je voudrais vivre indépen-
damment et confortablement. Pourquoi travaillerais-je
comme une esclave ? Je n'ai jamais fait une seule journée de travail pénible et je ne pourrai pas le faire maintenant. Si je force mon corps à des excès, il s'effondrera.

Devdas eut un sourire mélancolique.

– Mais si vous vivez près de la ville, reprit-il, vous
serez peut-être de nouveau en proie à la tentation ; on
ne peut toujours croire à l'esprit humain.

Le visage de Chandramoukhi était épanoui maintenant. Tout en souriant, elle dit :

– C'est tout à fait vrai qu'on ne peut toujours
croire à l'esprit humain. Mais je ne serai plus en proie
à la tentation. Je reconnais aussi que les femmes sont
plus avides que les hommes, mais comme j'ai renoncé
de mon propre gré à toutes les choses qu'on cherche
par avarice, alors je n'en ai plus peur. Si ce renonce-
ment était un caprice passager, il me faudrait sans
doute être plus attentive. Mais pendant ces derniers
mois, je n'ai pas regretté ma décision un seul
moment. Je suis vraiment tout à fait heureuse.

Devdas néanmoins hocha la tête pour montrer
qu'il n'approuvait pas.

– Le mental des femmes est agité et inconstant, déclara-t-il.

Chandramoukhi vint alors s'asseoir tout près de lui. Puis prenant ses mains dans les siennes, elle prononça :

– Devdas !

Il promena son regard sur le visage de Chandramoukhi mais ne put se résoudre à lui dire : « Ne me touchez pas. »

Chandramoukhi mit les mains de Devdas sur ses genoux et en les regardant avec tendresse, les yeux élargis de félicité, elle dit d'un ton un peu tremblant :

– C'est le dernier jour, ne soyez pas fâché avec moi aujourd'hui. Il y a une question que j'ai toujours voulu vous poser.

Ses yeux scrutèrent le visage de Devdas pendant quelques instants, puis elle demanda calmement :

– Est-ce que Parvoti vous a profondément blessé ?

Devdas la regarda en fronçant les sourcils avant de dire :

– Pourquoi cette question ?

Sans se troubler, Chandramoukhi reprit, calme et sûre d'elle :

– J'ai besoin de le savoir. À vrai dire, j'éprouve de la peine quand vous souffrez. Et je vous connais assez bien. Parfois quand vous étiez ivre mort, vous racontiez tant de choses que j'écoutais. Je ne crois pas que Parvoti vous ait trompé. Je pense, au contraire, que c'est vous qui avez triché avec vous-même. Devdas, je suis plus âgée que vous et j'ai beaucoup vécu. Voulez-

vous que je vous dise ce que je pense? Je suis sûre
que c'est vous qui avez tort. On dit que les femmes
sont capricieuses et inconstantes. Je pense que ces
épithètes ne doivent pas s'appliquer à elles en toute
occasion. C'est vous, les hommes, qui les louez sans
réserve et c'est aussi vous, les hommes, qui les blâmez
sans pitié et les faites tomber de leur piédestal. Vous
pouvez dire sans contrainte ce que vous avez à dire
mais les femmes, elles, ne le peuvent pas ; elles ne peuvent pas s'exprimer librement ; et même si elles le
font, très peu de gens comprennent ce qu'elles disent,
parce que leur manière de s'exprimer reste vague et
elles se laissent submerger par les graves et fortes voix
masculines. Finalement, les gens ne parlent que de
leur côté négatif.

Chandramoukhi fit une pause, s'éclaircit la voix et
continua :

– J'ai vendu mon corps de nombreuses fois dans
ma vie mais je n'ai vraiment aimé qu'une seule fois.
Cet amour m'est très précieux. J'ai beaucoup appris
grâce à lui. Vous savez bien que l'amour et le désir
sont deux choses différentes. On les confond toujours, surtout les hommes. Les femmes sont moins
poussées par le désir que les hommes, c'est pourquoi,
elles ne perdent pas très vite la tête comme les
hommes. Quand vous, les hommes, venez nous parler de vos amours, vous vous exprimez avec tant de
mots, avec tant de façons que nous, les femmes, restons alors silencieuses. Parfois nous avons honte, nous
avons de la peine et nous hésitons à blesser votre

amour-propre. Même lorsque nous haïssons votre visage, nous avons peut-être trop honte de vous dire directement : « Je ne pourrai pas vous aimer. » Alors nous commençons à jouer à l'amour, à un amour superficiel ; un jour, quand s'arrête ce jeu, l'homme devient furieux et accuse la femme de tromperie. Tout le monde n'écoute que cela, ne comprend que cela. Même alors nous demeurons silencieuses ! Nous éprouvons tant de peine intérieurement, mais qui cela intéresse-t-il ?

Devdas se taisait. Chandramoukhi le regarda quelques instants en silence avant de poursuivre :

— Peut-être la femme éprouve-t-elle pour l'homme une sorte de pitié qu'elle prend pour de l'amour. Elle vaque à ses tâches familiales calmement et silencieusement, aide de son mieux les autres quand ils sont malheureux ; alors vous, les hommes, vous l'adulez et la portez aux nues ! Mais même alors peut-être elle reste novice dans le domaine de l'amour. Puis, si à un moment malheureux son cœur se déchire à cause d'une douleur cuisante, alors...

Chandramoukhi jeta un coup d'œil sur Devdas et puis dit :

— Alors vous vociférez tous contre elle et la traitez de créature infidèle. Quelle honte !

Soudain, Devdas plaça sa main sur les lèvres de Chandramoukhi en disant :

— Chandramoukhi, qu'y a-t-il ?

Chandramoukhi repoussa lentement la main de Devdas et reprit :

– Ne vous inquiétez pas, Devdas, je ne parle pas de votre Parvoti.

Puis, elle se tut.

Pendant quelques instants Devdas aussi demeura silencieux, puis il dit distraitement :

– Mais il y a les coutumes, il y a aussi les normes sociales !

– Bien sûr, poursuivit Chandramoukhi, et c'est pourquoi, Devdas, celui qui aime sincèrement endure sa peine en silence. Il y a une satisfaction sans mesure, un bonheur infini d'aimer quelqu'un sans l'exprimer. Lorsqu'on éprouve de l'amour vrai, on ne veut pas créer inutilement des discordes dans une famille. Mais que disais-je… Devdas, je sais avec certitude que Parvoti ne vous a pas trompé, c'est vous qui avez triché avec vous-même. Je sais également que vous n'êtes pas en mesure de comprendre ce que je vous dis aujourd'hui ; mais un jour peut-être vous verrez que c'est la vérité.

Les yeux de Devdas débordaient de larmes. Grâce à son expérience croissante de la vie, il commençait à sentir que Chandramoukhi avait raison. Chandramoukhi remarqua ses larmes mais elle n'essaya pas de les sécher. Elle se dit en elle-même : « Je vous ai vu plusieurs fois dans des humeurs différentes. Je vous comprends bien. J'ai très bien perçu que vous n'offrirez jamais votre cœur à une femme de votre propre gré comme le fait un homme ordinaire. Mais la beauté… Ah ! tout le monde est séduit par la beauté. Mais je ne crois pas, en conséquence, que vous sacrifierez toute votre force à l'autel de la beauté. Parvoti peut être très belle ; mais quand même je pense que c'était elle qui vous avait aimé la première et qui avait parlé d'amour avant vous. »

Elle se parlait à elle-même, mais prononça soudain la dernière phrase tout haut :

– C'est ma propre expérience qui me fait dire combien elle vous aimait !

Devdas se redressa aussitôt sur le lit et demanda :

– Qu'est-ce que vous venez de dire ?

– Rien, répondit Chandramoukhi. Je disais justement que ce n'était pas votre beauté qui avait séduit Parvoti. Vous êtes beau, certes, mais ce n'est pas la raison qui la fit tomber amoureuse de vous. Tout le monde n'apprécie pas votre charme aggressif et insolent. Mais ceux qui le font, bien sûr, ne peuvent plus appeler leurs cœurs les leurs.

Ceci dit, elle poussa un soupir de soulagement et puis reprit :

– Seulement celle qui vous a aimé sait combien vous êtes charmant. Il n'y a pas une seule femme au monde qui se refuserait de bonne grâce ce paradis.

De nouveau, pendant quelques instants, elle attacha son regard au visage de Devdas avant de continuer doucement :

– Votre beauté saute à peine aux yeux. Elle laisse son empreinte dans les profondeurs même du cœur. Enfin, quand s'approche le dernier jour, elle brûle sur le bûcher et se fait cendres.

– Que me dites-vous là, aujourd'hui ? demanda Devdas enveloppant Chandramoukhi d'un regard stupéfait.

Avec un léger sourire, Chandramoukhi lui répondit :

– Il n'y a pas un danger plus grand, Devdas, que lorsque quelqu'un que vous détestez vous exprime son amour. Mais à dire vrai, je parlais de la part de Parvoti et non de la mienne.

Devdas s'apprêtait à se lever :

– Je dois partir maintenant.

– Restez encore un peu, le pria Chandramoukhi. Je n'ai jamais goûté votre compagnie dans votre état normal. Je ne vous ai jamais parlé vos mains dans les miennes. Ah ! quel bonheur !

À peine eut-elle prononcé ces mots qu'elle éclata de rire.

– Pourquoi riez-vous ? demanda Devdas, étonné.

– Ce n'est rien, je me suis souvenue d'un petit événement du passé. Il y a déjà dix ans, je suis tombée amoureuse et par la suite, j'ai quitté la maison paternelle. Je sentais alors mon cœur s'élargir par le pouvoir de cet amour. J'avais l'impression également que je pouvais même mourir pour mon bien-aimé. Puis, un jour, nous nous sommes querellés à propos d'un bijou sans valeur et depuis, nous ne nous sommes plus vus. Pour soulager mon esprit, je me disais qu'il ne m'aimait pas. S'il m'avait aimée, il aurait certainement pu m'offrir ce bijou !

De nouveau, Chandramoukhi rit aux éclats. Mais l'instant d'après, elle recommença à parler doucement, le visage à la fois calme et grave :

— Les bijoux ! J'ignorais en ce temps-là qu'on pouvait sacrifier sa vie même pour guérir un léger mal de tête de quelqu'un de proche ! À cette époque-là, je ne comprenais pas la peine de *Sita* ou de *Damayanti*, ni je ne croyais l'histoire de *Jagaï* et de *Madhaï*. Bien, Devdas, tout est possible dans ce monde, n'est-ce pas ?

Devdas ne trouva rien à dire. Hébété, il la fixa pendant quelque temps, puis il dit :

— Je dois partir...

— Ne craignez rien, vous partirez un peu plus tard, poursuivit Chandramoukhi. Je ne veux pas vous câliner. Je n'en ai plus envie. Maintenant je me hais autant que vous me haïssez. Mais, Devdas, pourquoi ne vous mariez-vous pas ?

Enfin Devdas parut respirer à fond.

— Je sais que je dois me marier mais je n'en ai pas envie, répondit-il avec un sourire.

— Mais il le faut. Vos enfants vous apporteront la paix. De plus, mes problèmes aussi seront résolus. Je pourrais passer mes jours comme une domestique dans votre maison.

— Bon, alors, je viendrai vous chercher quand je serai marié, dit Devdas en souriant.

Chandramoukhi sembla ne pas remarquer son air amusé.

— Devdas, j'ai envie de vous poser encore une question.

– Laquelle?

– Pourquoi avez-vous parlé avec moi pendant si longtemps?

– Pourquoi? Est-ce mal?

– Je ne sais pas. Mais c'est certainement quelque chose de nouveau! Auparavant, vous ne regardiez jamais mon visage sans perdre votre conscience dans un état d'ivresse.

Sans donner une réponse à cette remarque, Devdas dit d'un ton mélancolique:

– Je dois m'abstenir de boire pendant un an pour marquer le deuil de mon père.

Chandramoukhi le regarda longtemps, les yeux emplis de compassion, puis elle dit:

– Recommencerez-vous à boire?

– Je ne sais pas.

Elle attira alors les mains de Devdas à elle et articula d'une voix suppliante:

– Ne recommencez pas à boire. Ne terminez pas prématurément cette vie si belle.

Brusquement Devdas se leva en disant:

– Je m'en vais. Où que vous alliez, n'oubliez pas de m'informer. Et si jamais vous avez besoin de quelque chose, n'hésitez pas.

Chandramoukhi lui toucha les pieds en disant:

– Bénissez-moi et souhaitez que je sois heureuse. Et… une requête de plus: grands dieux non, mais si vous avez jamais besoin d'une domestique, souvenez-vous de moi.

– Bon.

Devdas sortit.

Chandramoukhi, son visage dans ses mains, san-
glota :

– Oh, mon Dieu ! Faites que je le revoie dans cette
vie !

14

Depuis le mariage de Môhendra, il y avait maintenant deux années, Parvoti se sentait fort détendue. Jaladabala, la femme de Môhendra, était intelligente et dynamique. C'était elle qui s'occupait de la plupart des tâches ménagères. Parvoti avait donc assez de loisir pour se tourner vers d'autres choses.

Cela faisait cinq ans qu'elle était mariée. Mais comme elle n'avait pas eu d'enfants, elle éprouvait une affection débordante pour les enfants des autres. Elle prenait à sa charge presque toutes les dépenses des enfants pauvres et miséreux du voisinage. De plus, elle passait ses journées à s'occuper du *puja* de la divinité ancestrale et à servir les *sâdhus* et les handicapés qui frappaient chaque jour à sa porte. Elle avait insisté pour que son mari fasse construire une autre maison d'accueil afin que les sans-abri et les indigents puissent y séjourner aussi longtemps qu'ils le désiraient. La famille du *zamindar* se chargeait de leur repas et de leur logement.

Parvoti faisait en cachette de son mari une autre
activité. Elle aidait financièrement les familles du
quartier qui étaient pauvres mais décentes. À cette
fin, elle puisait de l'argent dans ses propres ressources
et dépensait tout l'argent qu'elle recevait chaque mois
de son mari. Cependant, les employés du bureau du
zamindar parvenaient à se tenir au courant du mon-
tant de ces dépenses secrètes. Ils en parlaient entre
eux. Les domestiques également entendaient dire en
secret qu'on dépensait plus du double aujourd'hui
pour la famille, que les coffres étaient presque vides et
qu'il n'y avait plus d'épargne. Cette augmentation de
frais inutiles les mettait mal à l'aise. Jaladabala entendait souvent raconter ces histoires d'escalade des
dépenses familiales par ses domestiques. Un soir, elle
lança à son mari :

— N'appartenez-vous donc pas à cette maison ?

— Mais pourquoi dites-vous cela ? demanda
Môhendra.

— Les domestiques voient tout et vous, rien ? Le
père est charmé par sa nouvelle épouse ; il ne lui fera
donc aucun reproche. Mais vous devez protester.

Môhendra ne saisit pas à quoi sa femme faisait
allusion. Mais il voulait savoir.

— Protester ? répéta-t-il.

Jaladabala devint grave et se mit à donner des
conseils à son mari :

— Comme notre nouvelle mère n'a pas d'enfants,
épargner de l'argent ne l'intéresse pas. Ne voyez-vous
pas qu'elle dépense sans compter ?

– Mais comment? dit Môhendra en fronçant les sourcils.

– Si vous aviez des yeux, riposta Jalad, vous le verriez. Ces temps-ci, les dépenses familiales ont doublé, vous savez, à cause des fêtes religieuses, des œuvres de charité et des dons offerts aux invités et aux mendiants. Elle agit ainsi en vue de sa prochaine vie, certes ; mais n'oubliez pas que vous aurez aussi des enfants ! Alors, comment vont-ils survivre? Mendieront-ils à l'avenir si vous offrez aux autres toutes vos richesses aujourd'hui?

Môhendra se redressa sur son lit et demanda :

– De qui parlez-vous? De ma mère?

– Oh! mon Dieu! Est-il nécessaire de le préciser? Comme vous me rendez malheureuse!

– Vous vous plaignez donc de ma mère! s'exclama Môhendra.

– Je n'ai pas besoin de faire des plaintes et des litiges, répliqua Jalad, indignée. Je vous ai parlé seulement de la situation financière de notre famille afin que vous ne m'en blâmiez pas à l'avenir.

Môhendra resta silencieux un long moment. Puis il dit :

– Dans votre maison paternelle, vous aviez à peine deux repas substantiels par jour. Alors, comment comprendrez-vous les dépenses de la maison d'un *zamindar*?

Jalad se mit alors dans une rage folle.

– Et, dites-moi, combien de pièces d'accueil y a-t-il dans la maison paternelle de votre mère? rétorqua-t-elle.

Môhendra n'avait pas envie de se lancer dans des altercations. Il ne desserra plus les lèvres et demeura assis tout simplement. Le lendemain matin, il alla trouver Parvoti et lui dit:

– Quelle épouse avez-vous choisie pour moi, Mère! Impossible de vivre avec elle. Je pars pour Kolkata.

– Pourquoi, mon fils? demanda Parvoti, surprise.

– Elle dit du mal de vous, je l'abandonne.

Depuis quelques jours, Parvoti observait silencieusement le comportement de sa belle-fille et elle n'en était pas contente. Mais à présent dissimulant ses propres sentiments, elle dit en souriant:

– Mais mon fils, c'est une excellente femme.

Parvoti fit alors appeler Jalad dans sa chambre et lui demanda:

– *Bôüma,* vous êtes-vous disputée avec votre mari?

Dès le matin, Jalad avait pris peur en voyant les préparatifs de départ de son époux pour Kolkata. Aux paroles de sa belle-mère, elle éclata en sanglots avant de dire:

– C'est de ma faute, Mère. Mais c'est à cause des domestiques qui n'arrêtent pas de parler des dépenses de la maison.

Parvoti l'écouta alors jusqu'au bout. Contrite, elle essuya les larmes de sa belle-fille et dit:

– *Bôüma,* vous avez raison. Mais vous voyez, *Mâ,* je ne suis pas très forte en comptabilité, c'est pourquoi, je n'ai pas fait attention aux dépenses.

Puis elle fit venir Môhendra auprès d'elle.

– Mon fils, ne soyez pas fâché pour un rien, lui dit-elle. Vous êtes son mari et votre bien-être compte avant tout le reste pour elle. Votre femme, c'est votre trésor.

À partir de ce jour-là, Parvoti modéra ses œuvres de charité. Elle ne s'occupait plus de la maison d'accueil comme auparavant; ainsi les handicapés et les mendiants repartaient-ils le ventre creux. Elle négligeait également le service dans la salle de *puja*. Quand Bhouban *Babou* fut mis au courant de la situation financière de sa famille, il fit appeler Parvoti.

– *Kôné Bôü*, est-ce que nos coffres sont vides? demanda-t-il.

– La charité n'est pas tout, répondit Parvoti. Il faut aussi économiser un peu d'argent. Vous voyez, comme les dépenses ménagères montent en flèche!

– Qu'elles montent! Ce n'est pas grave. Mes jours touchent à leur fin. Nous devons nous consacrer maintenant aux services religieux et nous occuper de notre vie prochaine.

– C'est une attitude très égoïste, commenta Parvoti d'un air souriant. Penserez-vous seulement à vous-même? Alors, que va-t-il advenir à nos enfants? Restons tranquilles pendant quelques jours et ensuite je recommencerai toutes mes activités charitables comme auparavant. Nous trouverons toujours l'occasion de faire des œuvres de charité.

Chowdhury-*mochaï* n'approfondit pas l'affaire.

Ces jours-ci, Parvoti avait moins de travail, et donc plus de temps pour réfléchir. Mais chaque pensée a une forme. Celui qui vit dans l'espoir pense d'une certaine manière, alors que celui qui est désespéré pense d'une façon différente. Les pensées d'un optimiste pétillent d'éclat, d'allégresse et de satisfaction. Il éprouve aussi du chagrin et de l'anxiété ; cette diversité de sentiments le fatigue, et par conséquent, il ne peut pas penser longtemps. En revanche, ceux qui sont sans espoir n'ont ni bonheur, ni chagrin, ni anxiété, mais une espèce de satisfaction. Certes, ils versent des flots de larmes, ils rencontrent également des expériences traumatiques dans la vie mais elles ne déchirent pas à nouveau leur cœur. Les pensées flottent çà et là comme des nuages légers. Elles s'arrêtent net si le vent ne souffle pas, tandis qu'elles se meuvent s'il fait du vent. L'esprit absorbé se contente de ces pensées tranquilles.

Parvoti se trouvait ces jours-ci dans ce dernier état. Comme elle s'asseyait pour le *puja*, son esprit désorienté et déprimé s'élançait au dehors et faisait un tour rapide de son village Talsônapour qu'elle avait quitté il y avait bien longtemps, traversant le bosquet de bambous, le jardin de manguiers, la salle de classe, le bord de la rivière... Puis soudain son esprit se cachait dans des lieux où Parvoti elle-même ne pouvait pas se retrouver. Quelques jours avant, un sourire errait peut-être encore au coin de ses lèvres, mais maintenant une larme coulait et se mêlait à l'eau du *puja*.

Néanmoins, Parvoti passait ses jours soit en accomplissant les tâches ménagères, en parlant ami-

calement avec les autres, en aidant les pauvres, en prenant soin des nécessiteux, soit en se plongeant dans
une méditation profonde comme une *yoguini,*
oubliant tout. Certains l'appelaient une déesse incar-
née, une des formes d'*Annapourna,* la divinité pro-
tectrice, d'autres une dryade distraite! Mais depuis
la veille, un changement s'était opéré en Parvoti – elle
était devenue un peu plus rigide, un peu plus dure.
C'était comme si le niveau de son fleuve de plein
contentement avait baissé. Personne dans la maison
n'en connaissait la raison, nous seuls la connaissons.
La veille, elle avait reçu une lettre de Mônôrama,
écrite de son village, qui disait :

Parvoti,
Cela fait déjà bien longtemps que nous n'avons
pas correspondu et je pense que la faute est partagée.
Je souhaiterais que nous nous réconciliions maintenant. Que nous admettions nos fautes sans bouder.
Comme je suis plus âgée que toi, je t'écris la première
pour te demander pardon. J'espère que tu me répon-
dras vite.
Alors, voilà : je suis ici dans mon village depuis un
mois. Nous, les femmes de la famille, ne sommes pas
très habiles à parler de notre santé, n'est-ce pas? Si
l'une d'entre nous meurt, nous disons qu'elle est partie pour le paradis, et si une autre est en vie, nous
disons qu'elle va bien. Je vais donc bien. Mais ce sont
mes histoires et à dire vrai, elles sont très ennuyeuses.
Il n'y a vraiment pas grand-chose à te dire, mais j'ai

grande envie de te faire part d'une seule nouvelle.
Depuis hier j'hésite à t'en parler. Si je t'informe, tu
auras de la peine, et si je ne t'informe pas, je me sen-
tirai très mal à l'aise. Je ne sais que faire. Voilà, il s'agit
de Devdas. Je sais bien que tu seras bouleversée en
apprenant cette nouvelle, mais je ne peux pas non
plus rester tranquille en pensant à ta misère. Grâce à
Dieu, tu l'as échappé belle! Orgueilleuse comme tu
l'es, tu te serais noyée ou empoisonnée si tu étais tombée entre ses mains. D'ailleurs, ce que je vais t'annoncer n'est pas un secret; tôt ou tard, tu
l'apprendras toi-même. Alors, il n'y a pas de mal à te
dire maintenant ce que tout le monde sait déjà.

Cela fait déjà une semaine qu'il est venu ici. Je
devine que tu sais que sa mère habite maintenant à
Bénarès, tandis qu'il vit à Kolkata. Il n'est revenu que
pour chercher querelle à son frère et pour prendre de
l'argent. J'ai entendu dire qu'il vient ainsi de temps en
temps; il reste ici aussi longtemps qu'il est nécessaire
pour se procurer de l'argent; et il repart aussitôt après.

Son père est mort il y a deux ans et demi. Tu seras
étonnée de savoir que dans un laps de temps si court,
il a dilapidé presque la moitié de son patrimoine. Je
crois que Dwijodas est très méticuleux en ce qui
concerne les comptes et par conséquent, il possède
encore aujourd'hui, bien qu'avec difficulté, les propriétés qui lui viennent de son père. Devdas se ruine
complètement. Il s'adonne à l'alcool et fréquente des
prostituées. Qui peut le protéger? *Yama* seul! Et même
sa mort semble proche. Dieu merci, il n'est pas marié.

Ah! je me sens si triste pour lui également! Il ne reste rien de sa beauté, son teint doré, l'éclat vif de ses yeux: tout a disparu. Il semble être un autre! Ses cheveux ébouriffés flottent sur ses épaules, ses yeux sont enfoncés dans leurs orbites tandis que son nez fait saillie sur ses joues. Je ne peux pas te décrire combien il est devenu grossier! Sa vue provoque la peur et l'écœurement. Le fusil à la main, il traîne toute la journée au bord de la rivière et tire sur les oiseaux. Et si le soleil tape dur et par conséquent, s'il a des éblouissements, il s'assied sous un arbre de baie, le visage baissé. La nuit tombée, il rentre à la maison pour boire. Dieu sait ce qu'il fait pendant la nuit. Dort-il? Vagabonde-t-il sur les chemins?

Un soir, je suis allée chercher de l'eau à la rivière. Je l'ai vu marcher lentement et tristement, le fusil à la main. Il m'a reconnue et il s'est approché de moi. J'étais terrorisée! Sur les marches, il n'y avait personne; à ce moment-là, je fus paralysée par la peur! Par la grâce divine, il ne m'a pas fait un méchant tour dans son état d'ivresse. Comme un homme gentil, il m'a demandé calmement: « Mônô-*didi*, allez-vous bien? »

Que pouvais-je faire alors? J'ai répondu que oui d'un signe de tête.

Alors, il a poussé un gros soupir de soulagement et m'a dit: « Soyez heureuse, ma sœur. La vue de vous tous enchante mon cœur. » Ceci dit, il s'en est doucement allé.

Ensuite, j'ai pris mon pot et j'ai couru à toutes jambes pour rentrer chez moi. Dieu merci! il ne m'a pas touché la main! Je m'arrête ici de parler de lui, il faudrait des pages et des pages pour écrire sur cette âme dépravée.

Est-ce que je t'ai terriblement blessée, ma sœur? Si tu ne l'as pas encore oublié, alors, cette lettre te fera mal. Mais je n'ai pas le choix. Et si tu me trouves fautive, pardonne avec ton cœur généreux ta Mônô-*didi* qui ne cherche que ton affection.

Mônô

Le lendemain matin, Parvoti envoya chercher Môhendra et lui annonça:

— J'ai besoin de deux palanquins et de trente-deux porteurs. Je pars immédiatement pour Talsônapour.

— Je peux arranger les palanquins et les porteurs tout de suite; mais Mère, pourquoi deux palanquins? demanda Môhendra, étonné.

— Vous viendrez avec moi, mon fils, répondit Parvoti. Si je meurs en route, il faut que le fils aîné accomplisse les rites funéraires.

Môhendra ne dit plus rien. Les palanquins arrivèrent et tous deux se mirent en route.

Quand Chowdhury-*mochaï* apprit cette nouvelle, il interrogea les domestiques, mais aucun d'eux ne put lui donner une raison satisfaisante pour expliquer ce départ subit et inattendu. Alors, en homme sage qu'il était, il envoya cinq gardes et quelques domestiques de plus pour les suivre.

— Si nous les rencontrons en route, devons-nous les ramener? lui demanda un de ses gardes.

Bhouban *Babou* réfléchit à cette question pendant un certain temps et puis répondit :

– Non. Accompagnez-les afin qu'ils puissent arriver à leur destination sains et saufs.

Ce jour-là, peu après la tombée de la nuit, les deux palanquins arrivèrent au village de Talsônapour. Mais Devdas ne s'y trouvait pas. Il était reparti pour Kolkata à midi ce même jour.

Parvoti se frappa le front avec la paume de sa main et blâma son sort. Elle alla pourtant rencontrer Mônôrama.

– Parou, es-tu venue ici voir Devdas ? demanda Mônôrama.

– Non, je suis venue pour l'amener chez moi. Ici, il n'a aucun parent qui puisse s'occuper de lui.

– Quoi ! tu n'aurais pas honte de lui ? s'exclama Mônôrama, ébahie.

– Pourquoi ? Qu'y a-t-il à avoir honte ? Je ne ferai que reprendre ce qui m'appartient.

– Oh ! que dis-tu là ? Tu n'as plus aucune relation avec lui maintenant. Ne parle pas comme ça.

Parvoti sourit faiblement avant de dire :

– Mônô-*didi*, les mots qui sont nichés dans mon cœur depuis le temps où j'ai commencé à réfléchir, se glissent parfois dans ma bouche. Vous êtes ma sœur et c'est pourquoi vous les avez entendus.

Le lendemain matin, Parvoti toucha les pieds de ses parents et remonta dans le palanquin pour rentrer chez son mari.

15

Depuis les deux dernières années, Chandramoukhi vivait dans un village nommé Ashwathajhuri. Sa maison aux murs d'argile, située sur une petite hauteur au bord d'une rivière, se composait de deux pièces délabrées. La première lui servait de cuisine et de réserve; dans la seconde, elle dormait. Juste à côté se trouvait un abri où elle enfermait une robuste vache noire. La cour de sa maison reluisait de propreté, car la fille de Roma Bagdi venait tous les jours la balayer. Autour de cette cour poussait une haie de broussailles épineuses; au milieu de la cour, il y avait un arbre de baie et dans un coin, un bosquet de *tulsi*. Devant sa maison était un *ghat* qui aboutissait à la rivière. Avec l'aide de quelques villageois Chandramoukhi avait fait couper des dattiers avec lesquels elle fit construire des marches pour aller de sa maison jusqu'à l'eau. Elle seule se servait de ces marches. Pendant la mousson, lorsque la rivière débordait, l'eau arrivait jusqu'au seuil de chez elle. Alors les gens du coin, pelle et bêche en main, lui venaient en aide avec ardeur pour débarrasser sa maison de l'eau et relever le niveau du sol en y jetant de la terre. Aucune famille de haute caste n'habitait ce village ; les habitants étaient tous de basse caste. On y trouvait des paysans, des laitiers, des maraîchers, deux familles de fabricants d'huile et à l'extrémité du village, quelques familles de cordonniers.

Immédiatement après son installation au village, Chandramoukhi avait écrit à Devdas. Celui-ci lui avait répondu et envoyé un peu d'argent. Chandramoukhi utilisait cet argent pour prêter aux gens du village. Ainsi, tout le monde venait chez elle, lui empruntait de l'argent et rentrait satisfait. Chandramoukhi ne réclamait pas d'intérêt sur la somme prêtée – en retour, les villageois lui offraient volontiers des fruits et des légumes de leurs champs ; elle ne les pressait jamais de rembourser l'argent prêté. Celui qui n'était pas en mesure de le faire ne le rendait pas. Chandramoukhi lui disait alors en souriant :

– Je ne vous prêterai plus jamais d'argent.

– Mère, répondait-il alors, veuillez me bénir afin que j'aie des récoltes abondantes cette année.

Chandramoukhi lui donnait ses bénédictions.

Si les récoltes étaient mauvaises ou s'il fallait payer la taxe au *zamindar*, les villageois revenaient auprès d'elle et Chandramoukhi, de nouveau, leur prêtait de l'argent. Elle se disait en elle-même d'un air souriant : « Que Dieu *lui* donne une longue vie !

Je ne m'inquiéterai pas pour mon argent tant qu'*il* sera en vie. »

Mais où était-il à présent ? Cela faisait déjà presque six mois que Chandramoukhi n'avait reçu aucune nouvelle de Devdas. Si elle lui écrivait des lettres, elles restaient sans réponse ; si elle envoyait des lettres recommandées, elles lui revenaient. Chandramoukhi avait aidé une famille de laitiers à s'installer près de chez elle. Elle avait aussi donné quarante-deux roupies en dot au mariage du fils du laitier et lui avait acheté deux charrues. Toute la famille dépendait d'elle et lui était très reconnaissante. Un matin, Chandramoukhi appela le laitier et lui demanda :

— Bhaïrab, savez-vous combien y a-t-il d'ici à Talsônapur ?

— Le bureau du *zamindar* est situé après les deux champs que vous voyez, répondit-il après avoir réfléchi.

— Le *zamindar* y habite-t-il ? interrogea Chandramoukhi.

— Ça fait déjà trois ans qu'il est passé de vie à trépas. Il était propriétaire de vastes domaines ; ce village aussi faisait partie de ses propriétés. Maintenant ses deux fils s'occupent de ses affaires ; ils sont très riches, de véritables rois. Pendant un mois ils avaient régalé tous leurs sujets de *louchis* et de sucreries à l'occasion de la mort du *zamindar*.

— Bhaïrab, pourriez-vous m'y conduire ? demanda Chandramoukhi.

— Pourquoi pas, Mère ? Je peux vous accompagner quand vous voulez, répondit Bhaïrab.

– Alors, Bhaïrab, si on y allait aujourd'hui même, s'exclama Chandramoukhi avec ardeur.

– Aujourd'hui même? répéta Bhaïrab, étonné.

Puis en voyant l'expression du visage de Chandramoukhi, il reprit:

– Alors, Mère, finissez vite de préparer votre repas et moi, je vais chercher du riz soufflé pour l'emporter.

– Je ne cuisinerai pas, Bhaïrab, allez chercher du riz soufflé.

Bhaïrab rentra à la maison, emballa du riz soufflé et de la mélasse dans un coin de son *tchador* qu'il rejeta derrière son épaule. Puis s'emparant d'un bâton de marche, il revint quelques minutes plus tard.

– Alors, allons-y, dit Bhaïrab. Mais, Mère, vous ne mangerez rien?

– Non, Bhaïrab, je n'ai pas encore fini mon *puja* quotidien, répondit Chandramoukhi. Je le ferai là-bas si j'en ai le temps.

Bhaïrab montrait le chemin. Chandramoukhi le suivait à grand-peine, trébuchant sur les billons des champs. Ses pieds délicats, inhabitués à ce genre d'épreuve, furent bientôt lacérés et se mirent à saigner; son visage s'était empourpré sous l'effet du soleil brûlant. Elle n'avait pris ni bain ni repas, pourtant elle marchait et marchait traversant les champs l'un après l'autre. Les paysans qui y travaillaient la regardaient muets d'étonnement.

Chandramoukhi portait un *sari* blanc bordé de rouge. Elle avait deux bracelets aux poignets. Sa tête était couverte du bout du pan de son *sari* et tout son corps était enveloppé d'un *tchador* épais. Au coucher du soleil, ils arrivèrent tous deux à leur destination. Chandramoukhi avec un léger sourire demanda :

– Bhaïrab, sommes-nous au bout des deux champs dont vous aviez parlé ?

Bhaïrab ne comprit pas la plaisanterie. Il répondit avec franchise :

– Mère, nous sommes enfin arrivés. Mais votre constitution délicate vous permettra-elle de rentrer ce soir ?

Chandramoukhi se dit en elle-même : « Je ne pourrai peut-être plus marcher même demain et encore moins ce soir. » Puis elle dit à haute voix :

– Bhaïrab, n'y a-t-il pas de char à bœufs ?

– Mais, bien sûr, Mère. Dois-je en chercher un ?

Chandramoukhi demanda à Bhaïrab d'aller chercher un char tandis qu'elle entrait dans la maison du *zamindar*.

Bhaïrab s'engagea alors dans une autre direction pour aller chercher le véhicule.

À l'intérieur, sur la véranda de l'étage, était assise la femme du *zamindar* actuel. Une domestique mena Chandramoukhi jusqu'à elle. Toutes deux s'observèrent.

Chandramoukhi joignit les mains pour la saluer. La femme de Dwijodas était couverte de bijoux et ses yeux étincelaient d'orgueil. Ses lèvres et ses dents étaient noircies par le jus de *pan* et de tabac. L'une de ses joues était gonflée ; elle était peut-être bourrée de tabac et de *pan*. Elle s'était coiffée de telle manière

que le chignon de sa chevelure se trouvait presque au
sommet de sa tête. Une vingtaine de boucles pendaient de ses oreilles. Sur une narine brillait un dia-
mant et sur l'autre il y avait un gros trou, peut-être à
l'époque de sa belle-mère, elle y portait un anneau.
Chandramoukhi constata que cette femme était
grosse et bien bâtie. Elle avait le visage rond, la peau
foncée et de grands yeux. Elle portait un *sari* bordé de
noir et un chemisier dont l'étoffe était fort coûteuse. À
la vue de ce chemisier, Chandramoukhi éprouva une
répulsion envers cette femme. La femme du *zamindar*,
de son côté, remarqua que la beauté de Chandramoukhi défiait toute description. Toutes les deux étaient
peut-être du même âge, mais la maîtresse de maison
refusait intérieurement de l'admettre. Elle n'avait
jamais vu tant de beauté dans ce village, à l'exception de
Parvoti. Infiniment étonnée, elle demanda :

— Qui êtes-vous ?

— Un de vos sujets ; j'ai des taxes à vous payer et
c'est pourquoi, je suis ici, répondit Chandramoukhi.

— Mais pourquoi ici, allez au bureau, ajouta la
femme du *zamindar*, contente au-dedans d'elle.

— Mère, dit Chandramoukhi d'un air souriant,
nous sommes pauvres et malheureuses ; nous ne pou-
vons pas payer toutes les taxes à la fois. J'ai entendu
dire que vous êtes l'âme même de la générosité. C'est
pour cette raison que je suis venue auprès de vous. Je
vous prie, Mère, de bien vouloir alléger mes taxes.

La femme du *zamindar* entendait de telles paroles
pour la première fois de sa vie.

Instantanément, Chandramoukhi devint sa personne favorite grâce aux louanges qu'elle lui avait prodiguées : elle était l'âme même de la générosité et elle pouvait alléger la taxe à payer !

– Bon, ma fille, reprit alors la femme, chaque jour une foule de gens viennent me voir avec cette prière ; je ne peux pas leur dire « non » ; je perds ainsi beaucoup d'argent. Mon mari se fâche contre moi en conséquence. Alors, combien avez-vous à payer ?

– Pas beaucoup, Mère, deux roupies seulement. Mais chez nous, c'est une fortune ; j'ai marché toute la journée pour venir jusqu'ici.

– Oh ! ma pauvre ! nous devons avoir pitié de vous. Ô Bindou, emmenez-la dehors et dites au chef comptable que je lui ai demandé d'annuler deux roupies sur le compte de cette femme. Alors, ma fille, où habitez vous ?

– Dans le village d'Aswathajhuri. Ainsi, Mère, les deux fils du *zamindar* défunt ont hérité de leur père, n'est-ce pas ?

– Mais non. Le cadet est comme mort. Toutes ses propriétés m'appartiendront bientôt.

– Pourquoi, Mère ? demanda Chandramoukhi, très inquiète. Le fils cadet s'est-il endetté ?

– Tout ce qui lui appartient est mis en gage avec moi, dit la femme avec un sourire. Il a gâché sa vie. Il vit à Kolkata et ne s'intéresse qu'à la boisson et aux prostituées. On ne sait pas combien d'argent il a déjà dilapidé.

Le visage de Chandramoukhi s'assombrit.

– Alors, Mère, demanda-elle après un silence, le jeune maître ne vient-il plus à la maison?

– Si, répondit la femme. Il vient ici chaque fois qu'il a besoin d'argent. Il m'emprunte de l'argent contre une partie de ses propriétés mises en gage avec moi et puis il s'en va. Il y a deux mois seulement, il a emporté douze mille roupies. D'ailleurs, il n'est plus en mesure de survivre; il est la proie d'horribles maladies... Peuh, c'est affreux!

Chandramoukhi frémit de tout son corps.

– Où habite-t-il? demanda-t-elle, le visage crispé.

La femme du *zamindar* se frappa le front avant de dire avec un sourire:

– Mon dieu! Qui pourrait répondre? Où mange-t-il, où dort-il? C'est seulement lui et son alcool qui peuvent répondre.

Chandramoukhi se leva brusquement en annonçant:

– Je dois partir maintenant...

– Vous voulez partir immédiatement? dit la femme, étonnée. Ô Bindou...

Chandramoukhi l'arrêta.

– C'est inutile, Mère, reprit-elle, je trouverai le bureau toute seule.

Sur ces mots, elle se retira lentement.

Dehors, Bhaïrab l'attendait. Le char à bœufs était prêt. Ce soir-là, Chandramoukhi rentra chez elle.

Le lendemain matin, elle appela Bhaïrab de nouveau:

– Bhaïrab, je vais à Kolkata aujourd'hui. Vous ne pourrez sans doute pas m'accompagner. Votre fils pourrait-il venir avec moi ?

– Oui, si vous voulez ; mais pourquoi allez-vous à Kolkata ? Y avez-vous un travail urgent ?

– Oui, Bhaïrab, un travail urgent.

– Quand serez-vous de retour, Mère ?

– Je ne sais pas, Bhaïrab. Peut-être bientôt, peut-être plus tard. Et si je ne reviens pas, alors cette maison et ce qu'elle contient vous appartiendra.

Tout d'abord Bhaïrab fut surpris. Puis ses yeux se remplirent de larmes.

– Que dites-vous là, Mère ? dit-il. Si vous ne revenez pas, tous les gens de ce village en mourront.

Les yeux de Chandramoukhi s'humectèrent de larmes également.

– Comment cela, Bhaïrab ? répondit-elle. Cela fait seulement deux ans que j'habite dans ce village. Vous n'étiez donc pas vivants avant mon arrivée ?

Bhaïrab, peu intelligent, ne sut que répondre à cette question. Mais Chandramoukhi comprit au plus profond de son cœur la vérité des paroles de Bhaïrab.

Elle décida alors que Kèbla, le fils de Bhaïrab, l'accompagnerait. Quand tous les bagages furent chargés sur le char et qu'elle fut prête à partir, tous les villageois vinrent lui dire au revoir. Ils pleuraient à chaudes larmes. Chandramoukhi, elle non plus, ne put contenir ses larmes. Qu'y avait-il d'intéressant à Kolkata ? Si ce n'eût été pour Devdas, Chandramoukhi n'aurait jamais quitté le village abandonnant tant d'affection même si on lui avait offert la couronne de Kolkata.

Le lendemain, elle arriva chez Kshétramôni. Dans son ancienne maison vivait maintenant une autre famille. Kshétramôni s'étonna à la vue de Chandramoukhi.

– Ah! c'est vous, *didi,* où étiez-vous pendant tout ce temps?

– J'étais à Allahabad, répondit Chandramoukhi en dissimulant la vérité.

– Où sont vos bijoux, *didi,* demanda Kshétramôni, observant Chandramoukhi de la tête aux pieds de ses regards pénétrants.

– Tout est là, répondit Chandramoukhi simplement avec un sourire.

Ce jour même, elle alla trouver l'épicier et lui demanda:

– Dayal, combien d'argent me devez-vous?

– Enfant, environ soixante ou soixante-dix roupies, répondit Dayal, pris au dépourvu. Si je ne peux pas vous donner cet argent aujourd'hui, je vous le rendrai dans deux ou trois jours.

– Vous ne me devez plus rien si vous me rendez un service.

– Quel service?

– Un petit travail de deux jours. Il faut louer une maison dans ce quartier. Est-ce possible?

– Oui, mon enfant, répondit Dayal en souriant.

– J'ai besoin d'un bon appartement meublé ayant un bon lit, deux oreillers, une couverture, des lampes, des peintures, deux chaises et une table ; avez-vous compris ?

Dayal hocha la tête de haut en bas.

– Achetez aussi un miroir, un peigne, deux *saris* de couleur, deux chemisiers… et savez-vous où on peut trouver de faux bijoux de bonne qualité ?

Dayal, l'épicier, lui fournit immédiatement une adresse.

– Il faut acheter une collection de faux bijoux et je vous accompagnerai pour les choisir. Est-ce bien clair ? Il faut trouver aussi une bonne domestique, continua-t-elle en souriant.

– Quand le tout doit-il être prêt, mon enfant ? demanda Dayal.

– Aussitôt que possible. Le mieux serait dans deux ou trois jours.

Puis, Chandramoukhi lui tendit un billet de cent roupies tout en ajoutant :

– Achetez des articles de bonne qualité, ne regardez pas à la dépense.

Le troisième jour Chandramoukhi démenagea dans sa nouvelle demeure. Elle passa toute la journée avec Kébalram pour décorer sa chambre. Et ensuite, juste avant le soir, elle se mit à s'habiller. Elle se lava le visage avec du savon, le saupoudra de talc, se colora les pieds avec de l'*alta* et mâcha quelques *pans* pour se rougir les lèvres. Puis elle se para de bijoux, enfila un chemisier et s'enveloppa dans un *sari* de couleur. Après bien des années elle se peignit à la mode et dessina un *bindi* sur son front. Elle se regarda dans la glace et tout en souriant se dit en elle-même : « Je vais voir ce que le sort me réserve de plus pour l'avenir. »

Kébalram, villageois, fut ébloui par sa nouvelle tenue. Il lui demanda avec timidité :

– Qu'est-ce que vous avez, *didi* ?

– Kébal, mon futur époux va venir ce soir, répondit Chandramoukhi d'un air enjoué.

Kébalram la regarda, émerveillé.

La nuit tombante, Kshétramôni vint la voir.

– Mais qu'y a-t-il, *didi* ? s'exclama-t-elle, agréablement surprise.

– J'ai à nouveau besoin de toutes ces choses, vous savez, dit Chandramoukhi en lui adressant un sourire furtif.

Kshétramôni planta son regard sur Chandramoukhi pendant quelque temps et puis observa :

– Plus vous vieillissez, *didi*, plus vous devenez belle.

Après son départ, Chandramoukhi, comme elle faisait autrefois, s'assit à la fenêtre. Elle observait très attentivement la rue. C'était maintenant son seul devoir ; c'était pour cela qu'elle était venue ici et elle ferait ce travail aussi longtemps qu'elle y resterait. Si parfois de nouveaux clients venaient et poussaient la porte, Kébalram, comme un perroquet, répétait de l'intérieur : « Pas ici. »

Quelquefois de vieilles connaissances passaient la voir. Chandramoukhi les accueillait et leur parlait de bon cœur. Au cours de la conversation, elle leur demandait des nouvelles de Devdas. S'ils ne pouvaient rien dire à son sujet, elle se débarrassait d'eux immédiatement. Au milieu de la nuit, elle sortait toute seule, errant dans les rues et dans différents quartiers. Sans être vue elle écoutait aux portes les conversations privées qui se tenaient à l'intérieur; mais le nom qu'elle voulait entendre n'était jamais prononcé. Soudain un étranger au visage à demi recouvert par son *tchador* se présentait devant elle, tendait le bras pour la toucher et aussitôt, elle s'éloignait. Les après-midi, elle rendait visite à ses anciennes camarades. Elle leur demandait en passant:

– Connaissez-vous Devdas?

– Qui est-ce? l'interrogeaient-elles.

Chandramoukhi se mettait à donner une description de Devdas avec empressement: teint clair, une touffe de cheveux bouclés sur la tête, une entaille sur le front à gauche, un homme très riche – qui dépense sans compter.

– Le connaissez-vous? leur demandait ensuite Chandramoukhi

Personne ne pouvait lui donner une indication. Déprimée et désespérée, Chandramoukhi rentrait chez elle. Elle restait éveillée jusqu'au petit matin assise à la fenêtre, le regard anxieux dirigé sur la rue. Si elle avait sommeil, elle se sentait mécontente. Elle se grondait intérieurement: « Est-ce l'heure de dormir? »

Un mois s'écoula ainsi. Kébalram commença à s'impatienter. Chandramoukhi, elle aussi, se mit à penser que peut-être Devdas n'était pas en ville. Pourtant, elle ne perdit pas espoir; elle priait Dieu avec ferveur.

Depuis son arrivée à Kolkata, un mois et demi s'était déjà écoulé. Et puis, un soir le destin lui sourit. Il était onze heures, elle rentrait chez elle, découragée. Tout à coup elle remarqua un homme, assis sur le trottoir devant une maison, qui marmonnait des mots inintelligibles. Son cœur commença à palpiter, la voix lui était familière. Elle aurait pu reconnaître cette voix parmi des millions d'autres ! L'endroit était un peu obscur, et de plus, l'homme, ivre mort, était étendu, face contre terre. Chandramoukhi s'approcha de lui et le secoua légèrement.

– Qui êtes-vous et que faites-vous là, allongé par terre ?

– « Écoute-moi, mon amie, c'est mon désir : Si *Krishna* était mon mari… », chanta l'homme de façon confuse.

Chandramoukhi était maintenant certaine que c'était lui.

– Devdas ? l'appela-t-elle.

– Hmm, répondit l'homme sans bouger.

– Pourquoi êtes-vous étendu ici ? Voulez-vous rentrer à la maison ?

– Non, je me sens bien…

– Voulez-vous du vin ?

– Oui.

Il faillit tomber sur elle dans son empressement. Puis il demanda en passant un bras autour de son cou :

– Qui êtes-vous, gentille amie ?

Les larmes se mirent à couler des yeux de Chandramoukhi. Titubant d'abord, il réussit à se lever en s'appuyant sur l'épaule de Chandramoukhi. Puis, la regardant quelques instants, il prononça :

– Ah ! c'est un visage très beau, ô Devdas !

Chandramoukhi sourit à travers ses larmes.

– Oui, très bien, dit-elle. Maintenant, essayez d'avancer un peu en vous appuyant sur mon épaule. Nous avons besoin d'une voiture, n'est-ce pas ?

– Bien sûr.

Sur le chemin du retour, Devdas demanda d'un ton indistinct :

– Hé, belle femme, me connaissez-vous ?

– Oui, répondit Chandramoukhi.

– « Les autres donnent du sucre, heureusement je vous connais... » chantait Devdas.

Enfin, pesant sur une épaule de Chandramoukhi, il arriva chez elle. À la porte, tout en cherchant dans sa poche de l'argent, il lui dit :

– Belle femme, vous m'avez bien cueilli, mais mes poches sont vides...

Chandramoukhi, le tirant par les mains, l'amena dans sa chambre, le poussa vers le lit et lui dit :

– Dormez maintenant.

– Avez-vous un plan secret ? Je viens de vous dire que mes poches sont vides. Pas d'espoir, belle femme ! Comprenez-vous ? reprit Devdas de la même manière confuse.

– Vous me paierez demain, dit-elle.

– Une telle confiance est suspecte, bredouilla Devdas. Dites-moi franchement ce que vous voulez.

– Je vous le dirai demain.

Sur ces mots, Chandramoukhi se dirigea vers l'autre chambre.

Quand Devdas se réveilla, il était presque midi ; il était seul dans la chambre.

Chandramoukhi avait pris son bain et était descendue au rez-de-chaussée pour préparer le déjeuner. Devdas promena son regard tout autour de lui et constata qu'il ne connaissait pas cette chambre. Il ne put en identifier un seul objet. Il ne se souvenait pas non plus de ce qui s'était passé la nuit précédente, à part les soins affectueux d'une personne. Quelqu'un l'avait amené ici et mis au lit avec bienveillance.

À ce moment-là, Chandramoukhi entra dans la pièce. Elle avait changé sa tenue de la nuit précédente. Elle portait toujours des bijoux, mais elle n'avait plus le *sari* de couleur, le *bindi* sur le front, les marques de jus de *pan* dans la bouche... Elle était entrée dans la chambre revêtue d'un *sari* très simple. Devdas se mit à rire aux éclats en la voyant.

– D'où m'avez-vous kidnappé hier soir ?

– Je ne vous ai pas kidnappé, je vous ai simplement cueilli dans la rue.

Tout d'un coup Devdas se montra sérieux.

– Bon, mais qu'est-ce que vous avez ? reprit Devdas. Quand êtes-vous venue ici ? Vous êtes vraiment radieuse avec tous ces bijoux, qui vous les a donnés ?

– Ne le demandez pas ! dit Chandramoukhi en lui adressant un regard grave.

– Bien, répondit Devdas avec un sourire. Mais ne puis-je pas même faire une plaisanterie? Quel jour êtes-vous arrivée ici?

– Il y a à peu près un mois et demi, répondit Chandramoukhi.

Devdas fit quelques calculs mentalement.

– Alors, vous êtes arrivée ici juste après votre visite chez nous.

– Comment avez-vous appris que j'étais allée chez vous? demanda Chandramoukhi, fort étonnée.

– Je suis allé chez moi immédiatement après votre départ, poursuivit Devdas. Une domestique qui vous a conduite à ma belle-sœur m'a dit qu'une femme était venue, la veille, du village d'Ashwathajhury. Elle était très belle. Cela a suffi pour que je devine le reste. Mais pourquoi avez-vous fait fabriquer tant de bijoux?

– Je ne les ai pas fait fabriquer, répondit Chandramoukhi. Ce sont des faux; je les ai achetés à Kolkata. Regardez le gaspillage d'argent que j'ai dû faire à cause de vous, et pourtant, vous ne m'avez pas reconnue hier soir.

De nouveau Devdas pouffa de rire.

– Je n'ai pas pu vous reconnaître, c'est vrai, admit Devdas; mais j'ai reconnu bien sûr les soins affectueux qui m'ont été prodigués. J'ai pensé plusieurs fois : « Qui peut être si tendre si ce n'est ma Chandramoukhi? »

Chandramoukhi voulut pleurer de joie. Après quelques instants de silence, elle lui demanda :

– Devdas, vous ne me détestez pas aussi fort qu'auparavant, n'est-ce pas?

– Non, je vous aime plutôt.

L'après-midi lorsque Devdas se préparait pour prendre son bain, elle remarqua un morceau d'étoffe ficelé autour de son ventre. Effrayée, elle lui demanda:

– Qu'est-ce que c'est? Pourquoi avez-vous ficelé cette étoffe?

– J'éprouve parfois un peu de douleur à l'estomac, répondit Devdas. Mais pourquoi êtes-vous si inquiète?

– Êtes-vous en mauvaise santé? interrogea Chandramoukhi en se frappant le front avec la paume de sa main. Avez-vous mal au foie?

– Chandramoukhi, cette douleur provient peut-être du foie, répondit Devdas.

Ce jour-là un médecin vint le voir et l'examina longuement. Le médecin était inquiet. Il prescrivit quelques médicaments et déclara que l'état du malade exigeait des soins énergiques. Chandramoukhi et Devdas comprirent ce qu'avait insinué le médecin. On envoya alors un mot chez Devdas. Dharmadas arriva immédiatement avec l'argent nécessaire pour le traitement. Deux jours se passèrent sans inquiétude mais le troisième jour Devdas eut de la fièvre.

– Vous êtes arrivée au bon moment, dit Devdas à Chandramoukhi, sinon peut-être ne m'auriez-vous pas revu.

Les yeux pleins de larmes, Chandramoukhi se mit à soigner Devdas de son mieux. Les mains jointes, elle priait : « Ô Dieu, jamais, même dans mes rêves les plus fous, je n'ai pensé que je me rendrais utile à cette heure critique. Mais je vous en prie, guérissez Devdas. »

Devdas resta alité plus d'un mois. Puis il commença lentement à se retablir. La maladie semblait enrayée.

Un jour, Devdas dit à Chandramoukhi :

– Chandramoukhi, votre nom est trop long. C'est difficile de vous appeler tout le temps par ce nom si long. Puis-je le raccourcir ?

– Comme vous voudrez, répondit Chandramoukhi.

– Alors, dès aujourd'hui, je vous appelle *Bôü*.

Chandramoukhi éclata de rire.

– D'accord, mais ce nom doit avoir un sens !

– Tous les noms ont-ils un sens ? J'ai envie de vous appeler ainsi.

– Si c'est votre envie, alors appelez-moi ainsi. Mais pourquoi cette envie, ne voulez-vous pas me le dire ?

– Non, ne m'en demandez jamais la raison.

Chandramoukhi acquiesça d'un signe de tête.

Pendant très longtemps Devdas demeura silencieux. Puis il demanda d'un ton grave :

– Dites-moi, *Bôü*, qui suis-je pour vous ? Pourquoi vous donnez-vous tant de peine pour me soigner ?

Chandramoukhi n'était ni une épouse timide ni une jeune fille rougissante. Elle regarda Devdas tran-

quillement et d'une voix débordante d'affection, elle
lui dit :

– Vous êtes mon tout, ne le comprenez-vous pas
encore ?

Devdas avait son regard fixé sur le mur ; sans le
détourner, il dit lentement :

– Je comprends, mais je n'en éprouve aucune joie.
J'aimais si passionnément Parvoti, elle aussi m'aimait
passionnément ; pourtant nous avons eu tant de
peine ! Après avoir vécu ce tourment mental, j'ai juré
de ne plus jamais tomber dans le piège de l'amour.
Mais, me voilà de nouveau piégé, quoique contre
mon gré. Pourquoi avez-vous agi ainsi ? Pourquoi
vous êtes-vous liée à moi si intimement ?

Puis, après un silence, il reprit :

– *Bôü,* vous aussi allez peut-être souffrir comme
Parvoti.

Chandramoukhi se couvrit le visage avec un bout
du pan de son *sari* et s'assit silencieusement sur un
coin du lit.

Devdas continua de parler à voix basse :

– Vous êtes, toutes deux, si différentes et en même
temps, si pareilles. L'une est orgueilleuse et arrogante,
l'autre gentille et réservée ! Elle a peu de patience et
vous êtes si tolérante. Elle jouit de rénommée et de
respect tandis que vous vivez dans la honte et l'igno-
minie. Tout le monde l'aime, mais personne ne vous
aime. Mais, moi, je vous aime, oui, je vous aime.

Devdas poussa alors un gros soupir et recommença à parler :

– Je ne sais pas ce que le Juge du vice et de la vertu décidera à votre sujet, mais si nous nous rencontrons jamais après la mort, je ne pourrai pas rester loin de vous.

Chandramoukhi fondit en larmes. Elle se mit à prier silencieusement : « Ô Dieu, si jamais dans mes prochaines vies cette pécheresse est pardonnée, que ce souhait de Devdas soit ma récompense. »

Deux mois environ s'écoulèrent. Devdas était guéri ; toutefois il n'était pas complètement rétabli. Il avait besoin de changer d'air. Le lendemain, il partirait ailleurs, accompagné de Dharmadas.

– Vous aurez besoin d'une domestique au moins, répétait Chandramoukhi. Permettez-moi de vous accompagner.

– Impossible ! Quoi que je fasse, je ne peux pas être si impudent.

À ces mots, Chandramoukhi perdit complètement la parole. Elle n'était pas stupide : elle en comprit aisément l'implication. Quoi qu'il arrive, elle n'aurait jamais de respect dans ce monde. Grâce à elle, Devdas pourrait avoir du plaisir et des soins, mais il n'aurait jamais de respectabilité. Se séchant les yeux, elle lui demanda :

– Quand vous reverrai-je ?

– Je ne peux pas le dire, répondit Devdas. Mais tant que je serai en vie, je ne vous oublierai jamais, j'aurai toujours envie de vous revoir.

Chandramoukhi lui toucha les pieds et se tint debout à ses côtés.

– Cela me suffit. Je n'attends rien d'autre, lui chuchota-t-elle.

Avant de partir, Devdas lui donna encore deux mille roupies en disant :

– Gardez cet argent. Le corps humain est très fragile. Je ne veux pas que vous soyez sans ressources.

Chandramoukhi comprit ses paroles et accepta cet argent. Puis elle lui dit en s'essuyant les yeux :

– Veuillez me dire un dernier mot avant de partir.

– Quoi ? demanda Devdas.

– Votre belle-sœur m'a dit que vous aviez attrapé des maladies mortelles. Est-ce vrai ?

Devdas se sentit triste à cette question.

– Ma belle-sœur peut dire n'importe quoi, répondit-il ; si j'avais vraiment des maladies fatales, ne le sauriez-vous pas ? Puis-je vous cacher quelque chose ? À cet égard, vous me connaissez mieux que Parvoti.

– Dieu, merci, reprit Chandramoukhi en séchant ses larmes. Mais quand même soyez prudent. Vous êtes encore affaibli. Ne faites rien pour aggraver votre état.

Pour toute réponse, Devdas se contenta de lui sourire.

– Encore une faveur, continua Chandramoukhi. Si vous ne vous sentez pas bien, appelez-moi. D'accord ?

– Certainement, répondit Devdas en la regardant dans les yeux.

Chandramoukhi lui toucha les pieds une fois encore et se dirigea vers la chambre voisine tout en pleurant.

16

Après avoir quitté Kolkata, Devdas alla passer quelques jours à Allahabad. De là, soudain, il écrivit une lettre à Chandramoukhi : « *Bôü, j'ai décidé de ne plus jamais aimer*. En premier lieu, c'est bien douloureux d'aimer une personne et puis de la perdre ; et en plus, si on recommence à aimer, même après avoir vécu une expérience douloureuse, on n'éprouvera, je crois, qu'une déception amère. »

Inutile de donner ici la réponse de Chandramoukhi. Mais plus les jours passaient, plus Devdas désirait ardemment sa présence.

Mais en même temps, il se disait avec appréhension : « Oh, non, ce n'est pas bien ! Si Parou venait à l'apprendre ! » Ainsi, tantôt Parvoti, tantôt Chandramoukhi régnait sur son cœur. Parfois des visions des deux femmes, côte à côte, telles des amies intimes, le hantaient.

Dans son esprit également toutes les deux se tenaient l'une à côté de l'autre. Quelquefois, très brusquement, son esprit se vidait de la pensée de ces deux femmes étant donné qu'elles étaient hors de sa portée. Dans ces moments-là, une morosité débilitante s'emparait de lui.

Quelques mois plus tard, Devdas partit pour Lahore. Chounilal travaillait alors dans cette ville. Il lui rendit visite un jour. Ils se rencontraient après bien longtemps et ils furent heureux de se retrouver. Devdas recommença à boire. Il se souvint que Chandramoukhi lui avait demandé de ne plus toucher à l'alcool. « Comme elle est intelligente ! pensait-il. Comme elle est patiente, calme et affectueuse ! » À ces moments-là, Parvoti restait endormie dans son esprit, mais telle la mèche d'une lampe sur le point de s'éteindre, elle lui venait de temps en temps à l'esprit.

Néanmoins, le climat de cette ville ne lui convenait pas. Il tombait souvent malade et de temps à autre éprouvait des douleurs à l'estomac. Un jour, Dharmadas, presque en pleurs, lui dit :

– *Dev-ta,* vous n'êtes pas en bonne santé. Si nous cherchions un lieu plus salubre.

– Entendu, répondit Devdas distraitement.

D'habitude, Devdas ne buvait pas chez lui, sauf lorsque Chounilal venait le voir. Quelquefois il sortait de la maison et ne revenait qu'au matin. Parfois il ne revenait pas. Depuis les deux derniers jours, on avait perdu toute trace de lui. Triste, Dharmadas ne s'alimentait pas. Le troisième jour, Devdas réapparut, le corps brûlant de fièvre. Il dut s'aliter. Trois ou quatre médecins furent appelés pour le soigner.

— *Dev-ta,* je dois informer votre mère à Bénarès, lui dit Dharmadas.

Devdas l'arrêta net en disant :

— Non, non ! Comment puis-je me présenter dans cet état devant ma mère ?

— Tout le monde tombe malade, objecta Dharmadas. Ne lui cachez pas votre maladie en ce moment difficile. N'ayez pas honte, *Dev-ta,* partons pour Bénarès.

— Non, Dharmadas, je ne pourrai pas faire face à ma mère en ce moment, répondit Devdas en détournant le visage. Je dois guérir d'abord ; ensuite, j'irai la voir.

L'espace d'un instant, le nom de Chandramoukhi vint sur les lèvres de Dharmadas, mais il la détestait tellement qu'il ne put se résoudre à le prononcer.

Devdas, lui aussi, se souvenait d'elle sans cesse. Mais il n'avait pas envie de parler de cette femme. Naturellement, personne ne vint s'occuper de lui. Il lui fallut plusieurs jours pour se rétablir. Puis, un matin, il put se tenir assis et dit :

— Dharmadas, partons ailleurs.

— Inutile de changer encore une fois, répondit Dharmadas. Soit nous rentrons à la maison, soit nous allons retrouver votre mère à Bénarès.

Le lendemain, Devdas boucla sa valise, fit ses adieux à Chounilal et retourna à Allahabad. Il allait mieux maintenant. Quelques mois plus tard, il proposa un jour :

– Dharma, je ne connais pas Bombay. Si nous y allions ?

En voyant l'enthousiasme de Devdas, Dharmadas accepta bon gré mal gré. C'était le mois de *Jaïstha*, mais la chaleur était supportable. Devdas y passa quelques jours et se rétablit.

– Ne pouvons-nous pas rentrer à la maison maintenant ? demanda Dharmadas.

– Non, je vais bien, répondit Devdas. J'aimerais rester ici encore un peu.

★ ★ ★

Une année s'écoula ainsi. Un matin du mois de *Bhadra*, tandis que Devdas sortait d'un hôpital de Bombay soutenu par Dharmadas, celui-ci lui proposa d'aller voir sa mère sans plus tarder.

Les yeux de Devdas se remplirent de larmes. Depuis quelques jours, il se souvenait très souvent de sa mère. Dans son lit d'hôpital, il n'avait pensé qu'à une seule chose : il avait tout et, en même temps, il n'avait rien. Dans sa famille, il avait sa mère et son frère aîné. Il y avait Parou qui était plus que sa sœur et enfin, Chandramoukhi. Ils étaient tous là, mais il n'appartenait à personne. Dharmadas, lui aussi, pleurait.

– Alors *Dada*, irons-nous donc chez votre mère ? demanda-t-il.

Devdas détourna son visage en s'essuyant les yeux.

– Non, Dharmadas, répondit-il, je ne souhaite pas montrer ce visage à ma mère. Le moment n'est pas encore venu.

– Mais, *Dada,* votre mère vit encore, dit le vieux Dharmadas, de gros sanglots dans la voix.

Tous deux saisirent intérieurement le sens de ces paroles. La santé de Devdas s'aggravait. Son foie avait été gravement atteint; de plus, il souffrait d'accès de toux et de fièvre. Sa peau s'était assombrie et son corps amaigri. Ses yeux enfoncés dans leurs orbites brillaient d'un éclat étrange. Il avait les cheveux secs et raides dont on aurait pu compter les mèches. Ses mains décharnées, couvertes de plaies, inspiraient la révulsion.

– *Dev-ta,* pour quelle destination est-ce que j'achète des billets? demanda Dharmadas à la gare.

– Allons d'abord à la maison, on décidera ensuite que faire, répondit Devdas après quelques moments de réflexion.

Dharmadas acheta alors deux billets pour Houghly et ils montèrent dans le train.

Dharmadas ne quittait pas Devdas. Dans la soirée, Devdas eut de la fièvre accompagnée d'une irritation aux yeux.

– Dharmadas, je pense qu'il me sera difficile d'arriver à la maison, fit-il observer.

– Pourquoi, *Dada*? demanda Dharmadas, affolé.

– J'ai à nouveau de la fièvre, répondit-il en tentant de sourire.

Lorsqu'ils passèrent par Bénarès, Devdas avait perdu connaissance. Il reprit conscience près de Patna.

– Oh, Dharmadas, je suppose que ce n'est pas dans mon destin de revoir ma mère, lui dit-il.

– Alors, *Dada*, descendons à Patna pour consulter un médecin.

– Non, ce n'est pas nécessaire. Rentrons d'abord à la maison.

Le jour commençait à poindre lorsque le train arriva en gare de Pandouah. Il avait plu toute la nuit. Devdas se leva. Dharmadas dormait à poings fermés sur le sol du compartiment. Très doucement, Devdas lui toucha le front mais il eut honte de le réveiller. Alors il ouvrit la portière du wagon et en descendit lentement. Le train repartit.

Frissonnant de fièvre, Devdas sortit de la gare. Il appela le cocher d'une voiture à cheval et lui demanda :

– Hé, pourriez-vous me conduire au village de Hatipota ?

– Non, Monsieur, la route n'est pas bonne, répondit le cocher en regardant Devdas et tout autour de lui. Mes chevaux ne passeront pas.

– Puis-je trouver un palanquin ? demanda alors Devdas, inquiet.

– Non, répondit le cocher.

Devdas, anxieux, s'assit par terre. « Serait-il alors impossible d'y aller ? » songeait-il. Sa mort imminente se lisait sur son visage. Même un aveugle l'aurait perçu.

Le cocher eut pitié de lui.

– Monsieur, puis-je arranger un char à bœufs ? demanda-t-il.

– Combien de temps cela prendra-t-il pour arriver? demanda Devdas.

– La route n'est pas en bon état, Monsieur, deux jours peut-être.

Devdas réfléchit: « Vivrai-je encore deux jours? » Mais il devait aller chez Parvoti. Il se souvenait des mensonges qu'il lui avait dits, des moqueries qu'il lui avait faites, il y avait bien longtemps. Il fallait qu'il tienne la promesse qu'il lui avait faite lors de leur dernière rencontre. Par n'importe quel moyen, il devait lui rendre une dernière visite. Mais la durée de sa vie touchait presque à sa fin. C'était ce qui l'inquiétait.

Quand Devdas monta dans le char, il pensa une fois à sa mère et immédiatement les larmes se mirent à couler à flots. En ces derniers instants, un autre visage attendri par l'affection se dessina dans son esprit de façon nette: c'etait le visage de Chandramoukhi. Aujourd'hui, ses larmes coulaient sans cesse tandis qu'il voyait cette femme pécheresse qu'il avait détestée toute sa vie apparaître glorieusement à son esprit à côté de sa mère. Il ne la rencontrerait plus jamais dans cette vie, peut-être recevrait-elle la nouvelle de sa mort longtemps après. Mais il devait aller chez Parvoti. Il lui avait promis de la revoir une fois encore! Aujourd'hui, il fallait qu'il honore sa promesse.

La route était mauvaise. L'eau de pluie avait stagné dans les ornières du chemin en formant de la boue. Comme il avançait, le char cliquetait bruyamment. Parfois le charretier dut pousser les roues du char à la main, parfois il fallait fouetter impitoyablement les bœufs – mais il devait parcourir ces cinquante kilomètres. L'air froid soufflait inexorablement et à la tombée de la nuit, Devdas eut une poussée de fièvre. Consterné, il demanda :

– Charretier, nous sommes à combien de kilomètres du village ?

– Dix-huit ou vingt kilomètres encore, Monsieur.

– Allez vite, brave homme, je vous donnerai un gros pourboire.

Il avait dans sa poche un billet de cent roupies.

– Je vous donnerai cent roupies, dépêchez-vous, dit-il en lui montrant le billet.

Devdas ignorait complètement comment se déroula le reste de la nuit pendant lequel il restait étendu, inconscient. Le matin, il regagna connaissance.

– Hé, combien de kilomètres encore ? Ce chemin, ne finira-t-il donc jamais ? demanda-t-il de nouveau.

– Encore douze kilomètres, répondit le charretier.

– Allez un peu plus vite, brave homme, je suis pressé, dit Devdas en poussant un gros soupir.

Le charretier ne comprenait pas pourquoi son passager le brusquait ainsi. Cependant, il se remit à conduire avec ardeur tout en fouettant et insultant ses bœufs. Le char roulait à toute vitesse et à l'intérieur, Devdas s'agitait. Il ne cessait de se répéter : « Arriverai-je à temps ? La reverrai-je ? »

À midi, le charretier arrêta le char, fit manger les bêtes, prit son déjeuner et puis reprit le voyage.

– Monsieur, ne mangerez-vous pas un peu ?
demanda-t-il alors.

– Non, mais j'ai soif. Pourriez-vous aller me chercher un peu d'eau ?

Le charretier alla chercher de l'eau dans un étang
qui se trouvait à proximité. Le soir, frissonnant de
fièvre, Devdas eut un saignement de nez qu'il essaya
de contenir. Puis il se rendit compte que le sang coulait de ses gencives aussi et qu'il avait du mal à respirer. Haletant, il demanda :

– Hé, combien encore ?

– Quatre kilomètres. Nous y serons vers dix heures
du soir.

Avec une peine extrême, Devdas leva les yeux et
regarda vers la route en prononçant : « Mon Dieu. »

– Pourquoi haletez-vous ? demanda le charretier.

Devdas ne put répondre. Le charretier conduisait
bien mais ce fut seulement vers minuit qu'il s'arrêta
sous le grand *pipal* qui se trouvait devant la maison du
zamindar de Hatipota.

– Monsieur, vous pouvez descendre maintenant,
fit le charretier.

Devdas ne répondit pas. Le charretier l'appela de
nouveau, mais en vain. Apeuré, il plaça la lampe au-
dessus du visage du passager en demandant :

– Monsieur, dormez-vous ?

Les yeux de Devdas étaient ouverts ; ses lèvres
bougeaient mais aucun son ne sortait de sa bouche.
Le charretier l'appela encore une fois : Ô *Babou* !

Devdas voulut lever la main mais ne le put. Deux
larmes tombèrent du coin de ses yeux.

Le charretier avait de la présence d'esprit. Il pré-
para une paillasse sur la plateforme en pierre qui
entourait le tronc du *pipal*. Puis il souleva Devdas
avec beaucoup de peine et le déposa sur le lit. Il n'y
avait personne tout autour, la maison du *zamindar*
était silencieuse, tout le monde dormait. Devdas lutta
pour sortir le billet de cent roupies de sa poche et le
tendit au charretier. À la lumière de la lanterne, le
charretier remarqua que le *Babou* le regardait fixement mais était incapable de parler. Il devina la gravité de l'état de son passager tout en nouant le billet
au bout de son *tchador*. Le corps de Devdas était
enveloppé dans son *shâl*; la lanterne brûlait et le nou-
vel ami de Devdas, perdu dans ses pensées, se tenait
à ses pieds.

Les premières lueurs de l'aube touchèrent le ciel.
Les gens de la famille du *zamindar* sortirent et virent
sous le *pipal* un homme sur le point de mourir. Un
vrai gentleman, sans doute! il avait un *shâl* sur son
corps, des chaussures coûteuses aux pieds et des
bagues aux doigts. L'un après l'autre, les gens
venaient l'observer. Puis la nouvelle arriva jusqu'aux
oreilles de Bhouban *Babou*. Il envoya chercher un
médecin et vint en personne voir le moribond.
Devdas regarda chaque visiteur à tour de rôle; mais il
avait perdu la voix. Seules des larmes coulaient de ses
yeux. Le charretier raconta le peu qu'il savait. Le
médecin arriva et déclara:

– Il râle, il va mourir bientôt.

– Pauvre âme! se lamenta l'assemblée.

Parvoti, elle aussi, entendit parler de cet homme mourant et, assise dans sa chambre à l'étage, s'exclama : Pauvre âme !

Quelqu'un eut pitié de lui et versa une goutte d'eau dans sa bouche selon la coutume pour les mourants. Devdas vit une fois cet homme d'un regard triste et puis ferma les yeux. Quelques minutes plus tard, tout était fini.

Alors on souleva un vif débat sur la caste du mort, sur les gens qui devaient toucher le cadavre pour en accomplir les rites funèbres et ainsi de suite. Bhouban *Babou* informa le commissariat le plus proche. L'inspecteur vint faire son enquête. Résultats : mort de cirrhose du foie, hémorragie nasale et buccale. Il sortit deux lettres de la poche du défunt. L'une était de Dwijadas Mukherjee de Talsônapour qui écrivait à Devdas *Mukhjjyé*, à Bombay : « Impossible d'envoyer de l'argent maintenant. » L'autre était de Harimoti Devi à Bénarès qui écrivait au susdit Devdas *Mukhjjyé* : « Comment vas-tu ? »

Sur son poing gauche, la première lettre de son prénom était tatouée. L'inspecteur à la fin de l'enquête déclara que l'homme s'appelait sans doute Devdas.

Sur son annulaire était une bague en or incrusté d'une pierre bleue qui valait approximativement cent cinquante roupies et son corps était recouvert d'une paire de *shâl* coûtant environ deux cents roupies. Il y

avait aussi quelques vêtements et effets personnels.
L'inspecteur en prit note. Chowdhury-*mochaï* et
Môhendranath, étaient, tous deux, présents. Lorsqu'il
entendit le nom de Talsônapour, Môhendra fit remarquer :

    – Ce doit être quelqu'un de la maison paternelle
de ma mère. Si elle pouvait le voir une fois...

    – Quoi ? vous voulez qu'elle vienne ici identifier le
cadavre maintenant ? répondit Chowdhury-*mochaï*
d'un ton de remontrance.

    Se mettant d'accord avec Chowdhury-*mochaï*,
l'inspecteur dit avec un sourire :

    – Ce n'est pas du tout nécessaire.

    Bien qu'il fût établi que c'était le corps d'un *brah-
mane*, personne dans le village ne voulait le toucher.
Par conséquent, quelques *domes* furent appelés pour
emporter le cadavre. Ils bâclèrent le travail en brûlant le corps à moitié et le jetèrent sur le bord d'un
étang asséché. Des corbeaux et des vautours se posè-
rent sur le cadavre carbonisé tandis que des chiens et
des renards se le disputaient.

    Tous ceux qui entendirent cette nouvelle s'excla-
mèrent : Pauvre âme ! Même les domestiques de la
famille du *zamindar* se mirent à répéter : Pauvre âme !
Un gentleman, un homme riche – un *shâl* coûtant
deux cents roupies, une bague valant cent cinquante
roupies ! Le tout est maintenant sous la garde de l'inspecteur qui emporta également les deux lettres.

    Parvoti avait entendu parler de l'inconnu dès le
matin, mais comme elle ne parvenait pas à se concen-

trer sur une chose pendant longtemps ces jours-ci, elle n'avait pas bien compris de qui il s'agissait. Alors, puisque tout le monde ne faisait qu'en parler, elle s'y intéressa aussi. Elle fit venir une domestique un peu avant le soir et lui demanda :

— Mais que se passe-t-il donc ? Qui est mort ?

— Oh ! là, là ! personne ne le connaît, Mère, répondit la domestique. C'était dans son destin de venir mourir ici. Toute la nuit, il était là en plein air, dans le froid et couvert de rosée. Il est mort à neuf heures ce matin.

— Ah ! pauvre âme ! Mais on n'a pas pu savoir qui il était ? demanda Parvoti en poussant un grand soupir.

— Je ne sais pas grand-chose, mais Môhen *Babou*, lui, sait tout, Mère, répondit la domestique.

Elle envoya chercher Môhendra.

— C'est Devdas *Mukhujjyé* de votre village, lui annonça-t-il.

Parvoti s'approcha tout près de lui. Puis, jetant un regard pénétrant sur Môhendra, elle demanda :

— Qui ? *Dev-dada* ? Comment l'avez-vous appris ?

— Il y avait deux lettres dans sa poche. L'une était de Dwijodas Mukherjee…

— Oui, c'est son frère aîné, l'interrompit Parvoti.

— L'autre était de Harimoti Devi de Bénarès…

— Oui, sa mère.

— Son nom était tatoué sur sa main gauche…

— Oui, il l'a fait faire quand il était allé à Kolkata pour la première fois, ajouta Parvoti.

– Il portait une bague en or sertie d'une pierre bleue.

– Oui, son *Jètha-mochaï* la lui avait donnée à l'occasion de la cérémonie du *cordon sacré*. Je dois aller…

Et sur ces mots, Parvoti se précipita dans l'escalier.

Stupéfait, Môhendra, ne sachant quoi faire lui demanda :

– Mère, où allez-vous ?

– Auprès de *Dev-da*.

– Il n'est plus là, les *domes* l'ont emmené.

– Oh ! non, mon Dieu !

Môhendra se planta devant elle en lui bloquant le passage.

– Avez-vous perdu la tête, Mère ? Où allez-vous ?

Parvoti jeta un regard perçant sur Môhen avant de dire :

– Môhen, me prenez-vous vraiment pour une folle ? Laissez-moi passer.

Môhendra, regardant les yeux de Parvoti, s'écarta et puis se mit à la suivre silencieusement. Parvoti s'élança hors de la maison. Les employés du bureau du *zamindar* qui étaient encore au travail levèrent les yeux, très surpris. Chowdhury-*mochaï*, lui aussi, lança un regard à travers ses lunettes et demanda :

– Qui va là ?

– C'est la Mère, dit Môhendra.

– Quoi ? Où va-t-elle ?

– Pour voir Devdas, répondit Môhendra.

– Mais vous avez tous perdu la tête ou quoi ? s'écria Bhouban Chowdhury. Allez, allez, allez la chercher. Est-elle folle ? Ô Môhen, ô *Kôné-Bôü* !

Alors les domestiques tous ensemble attrapèrent Parvoti et l'entraînèrent à l'intérieur de la maison où elle s'évanouit. Le lendemain, elle reprit connaissance mais garda le silence. Elle fit appeler une domestique et demanda seulement :

– Il est arrivé la nuit, n'est-ce pas ? Toute la nuit…

Puis Parvoti se tut.

Je n'ai aucune idée de ce que Parvoti est devenue maintenant à la suite de tant années. Je ne cherche pas à le savoir non plus. Mais c'est pour Devdas que j'éprouve un profond chagrin. Après avoir lu l'histoire tragique de sa vie, vous éprouverez sans doute le même sentiment que moi. Néanmoins, si vous rencontrez jamais un malheureux, un débauché et un pécheur comme Devdas, alors priez pour son âme. Priez pour que, quoi qu'il advienne, personne ne meure de la même façon pitoyable que Devdas. La mort n'épargne personne. Mais qu'à cette dernière heure, le front du mort reçoive le toucher de doigts affectueux, que la flamme de sa vie s'éteigne sous le regard d'un visage empli d'affection et de compassion, qu'il voie au moins une larme dans les yeux d'un être humain. Ce serait pour lui un bonheur suffisant au moment de son départ pour l'autre monde.

GLOSSAIRE

Alta : teinture liquide rouge dont se servent les femmes hindoues pour souligner le bord de la plante du pied lors de cérémonie familiale ou de fête religieuse.

Annapourna : la déesse Durga, l'épouse divine de Shiva, celle qui donne la nourriture en abondance.

Babou : suffixe que l'on ajoute au prénom masculin bengali pour exprimer le respect et la politesse.

Bhadra : cinquième mois du calendrier bengali. Correspond aux mois d'août et septembre.

Bhôlanath : prénom dont l'appellation courante est Bhoulo.

Bindi : petite marque ronde faite d'une pâte de santal ou de vermillon, etc., que les femmes indiennes portent sur le front.

Bôdhôdaya : manuel d'apprentissage du bengali en usage au niveau primaire.

Bôïchakh : premier mois du calendrier bengali. Correspond aux mois d'avril et mai.

Bôstômi : appellation courante pour les *Voïshenavis*, femmes de la secte vishnouite.

Bôü : appellation pour l'épouse. Aussi *Kôné Bôü*.

Bôüma : le beau-père et la belle-mère appellent ainsi leur bru.

Brahmane : caste la plus élevée de la société hindoue.

Champa : arbre à fleurs blanches, très aromatiques, le magnolia.

Cordon sacré : est porté sur la poitrine par le *brahmane* depuis le jour de son initiation. Il est formé de trois fils qui représentent les trois lettres de la syllabe sacrée AUM.

Dada : nom donné au frère aîné dans une famille. Mais l'habitude bengalie est d'appeler « dada » tout aîné que l'on traite avec amitié. Le suffixe « da » s'ajoute au prénom d'une personne plus âgée que soi. Par exemple : *Dev-dada, Dev-da* ;

Damayanti : femme du roi Nala, un personnage du *Mahâbhârata*. Comme *Sita,* elle aussi a beaucoup souffert à cause de son mari qui était destiné à perdre son royaume et vivre dans la misère. Mais malgré les épreuves, elle est restée fidèle à son époux jusqu'à la fin.

Dangue-goulie : jeu d'enfants.

Devdas : personnage principal de ce roman. On l'appelle aussi Deva, et plus affectueusement Dev-ta ou Devta-charan.

Dhoti : pièce de cinq mètres de tissu, blanc, porté par les hommes.

Didi: nom donné à la sœur aînée d'une famille. Mais c'est l'habitude bengalie d'appeler « didi » toute aînée avec laquelle on a une relation amicale. Le suffixe « di » s'ajoute au prénom d'une personne plus âgée que soi. Par exemple : Môno-*didi*, Parou-*di*.

Domes: secte d'intouchables particulièrement chargée de ramasser le corps des morts que personne ne réclame et aussi les carcasses d'animaux, afin de les brûler.

Durga Puja: cérémonie religieuse dédiée à Durga, l'un des aspects de la Mère divine.

Ghat: gradins menant aux rivières ou aux étangs.

Gourou-mochaï: *gourou* représente le guide spirituel. Ici, c'est le précepteur ou bien l'instructeur d'une école.

Houka: pipe à eau.

Jagâï: l'un des deux criminels, l'autre étant *Madhaï*, qui ont été transformés en hommes pieux et dévots grâce à l'amour divin de Sri Chaïtanya Mahaprabhou (1485 – 1533), rénovateur du culte vishnouite où la *bhakti* (adoration) joue un role prépondérant.

Jaïstha: deuxième mois du calendrier bengali. Correspond aux mois de mai et juin.

Jèthâ-mochaï: *Jèthâ* répresente le frère aîné du père. Parvoti appelle ainsi le père de Devdas.

Louchi: galette de blé que l'on fait frire à grande huile et qui gonfle. Sert de pain et accompagne les légumes.

Kâyastha : caste élevée mais inférieure à la caste des *brahmanes* à laquelle appartient le *zamindar*.

Krishna : incarnation du Seigneur Vishnou, le héros du *Mahâbhârata* et le bien-aimé de Radha.

Mâ : appellation pour la mère.

Mochaï : terme signifiant « monsieur ».

Mahâbhârata : l'une des deux principales épopées de l'Inde.

Mône : mesure de poids, environ 60 kilos.

Mônecocha : système de calculs par lesquels on arrive à déterminer le coût d'un produit pesant un *mône*.

Mukhujjyé : prononciation courante mais déformée du nom Mukherjee.

Pan : le « *pan* » qui se prononce comme « panne » est un digestif très épicé et enrichi de quelques ingrédients comme l'anis, la chaux, le cachou, la noix d'arec, etc., enveloppés dans une feuille de bétel. On le mâche généralement après le repas.

Pandit : homme érudit, *brahmane* versé généralement dans les Écritures sacrées. Ici, il s'agit du professeur principal d'une école de village et dont les connaissances sont rudimentaires.

Pipal : un gigantesque banyan.

Puja : cérémonie religieuse accomplie dans les familles hindoues. On allume des lampes à huile, de l'encens. On offre de la nourriture à la divinité.

Râdhârâni : appelée, en bref, Radha, la bien-aimée de Krishna. Symbole de l'amour absolu pour le Divin.

Râmâyana : l'autre épopée principale de l'Inde, centrée sur la vie de Râma.

Sâdhu : saint homme.

Sandesh : variété de sucrerie indienne.

Sari : vêtement des femmes indiennes. Il consiste en une longue pièce d'étoffe de cinq mètres. Il peut être drapé de plusieurs façons.

Sasthi : l'une des déesses de la religion hindoue.

Shâl : pièce d'étoffe de laine que les gens portent sur leurs épaules, généralement beaucoup plus coûteuse que le *tchador*.

Shâlgrâm : petite pierre noire adorée par les hindous comme étant le symbole de Vishnou.

Shudra : les *shudras* sont les hindous de la quatrième caste : *Brahmanes* (prêtres), *Kâyasthas* (guerriers), *Vaïshas* (marchands) et *Shudras* (serviteurs).

Sindour : vermillon qui marque la raie de la chevelure des femmes mariées en Inde comme signe de l'état d'épouse et symbole de tout le respect que cet état commande.

Sita : épouse divine de Râma, le personnage principal du *Râmâyana*. Tout en étant la femme de Râma, un Avatar, elle a dû beaucoup souffrir à cause de sa dévotion et de son amour pour son époux.

Tchador : genre de *shâl* en coton ou laine fine dont on se drape, surtout en hiver.

Tulsi : plante à feuilles aromatiques dont le nom botanique est le basilic indien.

Tulsidas : poète célèbre du seizième siècle dont la version en hindi du *Râmâyana* intitulée le *Râm Charit Mânas* est très populaire parmi les Indiens du Nord.

Voïshenavi : femme itinérante de la secte de Vishnou et
   qui vit d'aumônes.

Yama : dieu de la Mort.

Yoguini : femme pratiquant le yoga et ayant une haute
   connaissance spirituelle.

Zamindar : administrateur d'un ou de plusieurs vil-
   lages et le plus souvent un grand propriétaire ter-
   rien.

ANNEXES

I. Brève chronologie de Sarat Chandra Chatterjee

15 septembre 1876 : naissance à Devanandapur (Bengale) sous le nom bengali de Chattopadhyay. D'une famille pauvre, il est élevé par ses grands-parents maternels à Bhagalpur.

1888 : succès scolaires, deux diplômes d'honneur.

1893 : écrit son premier roman, *Kashinath*.

1894 : après la mort de son père, parcourt le nord de l'Inde en compagnie de renonçants, musiciens et charmeurs de serpents, puis s'installe à Calcutta, travaille comme traducteur d'hindi en anglais.

1903 : trouve un emploi de bureau à Rangoon (Birmanie, qui fait alors partie de l'Empire de l'Inde anglais).

Épouse Shanti, fille d'un charpentier voisin.

Mariage heureux, naissance d'un fils.

Écrit des nouvelles sous pseudonyme.

1905 : mort de sa femme et de son fils, de la peste.

1907 : publication de son premier roman, *Badadid* ; le succès est immédiat et, désormais, il sera le premier écrivain indien à vivre de ses œuvres.
Retour peu après en Inde.

1914 : *Biraj Bau* (trad. fr. : *La femme de Biraj*).

1916 : s'installe à Calcutta. Publie *Palli Samaj* (trad. fr. : *La société villageoise*).

1917 : premier volume de la tétralogie *Shrikanto*.
Publication de *Devdas*.

1919 : *Grhadaha* (trad. fr. : *La maison en flammes*).

1921 : rejoint le parti du Congrès, dont il sera, jusqu'à sa mort, un important dirigeant local.
Reçoit diverses distinctions, donne des concerts comme chanteur et musicien, joue au théâtre.

1926 : *Pather dabi* (trad. fr. : *L'exigence de la route*).
Second mariage avec Hiranmayee Devi, qui est analphabète, et à qui il apprendra lui-même à lire et écrire.
Il est atteint de diverses maladies chroniques, continue de publier, et, malgré ses maux physiques, mène une existence confortable et paisible.

1933 : publication du dernier tome de *Shrikanto*.

16 janvier 1938 : meurt après une opération.

II. Devdas sur grand écran

Le roman de Sarat Chandra Chatterjee a fait l'objet de neuf adaptations cinématographiques, en diverses langues indiennes, portant toutes le titre *Devdas* Pour

les films en langues du sud de l'Inde (langues dravi-
diennes), les fiches techniques sont actuellement
introuvables.

Les noms des interprètes sont donnés dans l'ordre de
leur rôle : Devdas, Paro, Chandramukhi, Chunnilal.

*1928, réalisé par Naresh Mitra, muet, noir et blanc,
avec Phani Burma, Naresh Mitra, Mani Gosh,
Tinkari Chakraborty.

*1935, réalisé par P.C. Barua (hindi-bengali), N/B, 141
min., musique de Rai Chand Boral, Pankaj Mullik
(version hindie) et Timir Baran (version bengalie)
avec K.I. Saigal (version hindie), P.C. Barua (version bengalie), Jamuna, K.C. Dey, Kshetrabala.

*1936, réalisé par P.V. Rao (tamoul).

*1953, réalisé par Vedantam Raghaviah (telougou).

*1955, réalisé par Bimal Roy (hindi), N/B, 159 min.,
musique de S.D. Burman, avec Dilip Kumar,
Suchitra Sen, Vijayanthimala, Motilal.

*1974, réalisé par Vijayanirmala (telougou).

*1979, réalisé par Dilip Roy (bengali).

*1989, réalisé par Ownbelt Mani (malayalam).

*2002, réalisé par Sanjay Leela Bhansali (hindi), cou-
leur, 185 min, musique de Ismail Darbar, avec
Shah Rukh Khan, Aishwarya Rai, Madhuri Dixit,
Jackie Shroff. Le DVD du film *Devdas* est en vente
dans la boutique du site www.diaphana.fr.

*Dans les années 80, le poète-réalisateur Gulzar a
commencé le tournage d'un *Devdas* en hindi, qui
n'a jamais été terminé.

N. B. Le seul ouvrage consacré à « *Devdas* au cinéma »,
The Eternal Saga of Love : Devdas, de Rahul Singhal
(Delhi, 2002), ne contient aucune filmographie…

TABLE DES MATIÈRES

Ce volume,
le sixième de la collection
« La Voix de l'Inde »
publié aux Éditions Les Belles Lettres,
a été achevé d'imprimer
en mars 2007
dans les ateliers
de l'imprimerie Jouve
11, boulevard de Sébastopol, 75001 Paris

N° d'éditeur : 6546
N° d'imprimeur : 423752B
Dépôt légal : mars 2007
Imprimé en France